Josué Vergara

Vegan · Vegetarisch · Vergara

VERLAG ANTON PUSTET

Gesunde Küche geht ganz einfach!

vegan vegetarisch

Josué vergara

VERLAG ANTON PUSTET

Bildnachweis

shutterstock.com: Pixeldom S. 169; ravsky S. 72; Oksana Mizina S. 17; Santhosh Varghese S. 41; PJjaruwan S. 47; Anna_Pustynnikova/PhotoshopAI S. 170; StockImageFactory S. 157; grafvision S. 166; Gemüseillustrationen: shutterstock.com/Nikiparonak
Alle anderen Fotos stammen von Sven Huber; Sven Huber/PhotoshopAI S. 163

Impressum

Bibliografische Information der Deutschen Nationalbibliothek
Die Deutsche Nationalbibliothek verzeichnet diese Publikation in der Deutschen Nationalbibliografie; detaillierte bibliografische Daten sind im Internet über http://dnb.d-nb.de abrufbar.

5020 Salzburg, Bergstraße 12

Grafik, Satz und Produktion: Tanja Kühnel
Lektorat: Markus Weiglein
Korrektorat: Markus Weiglein, Annerose Sieck
Druck: Florjančič tisk d.o.o.
Gedruckt in der EU

ISBN 978-3-7025-1116-6

www.pustet.at

Wir bemühen uns bei jedem unserer Bücher um eine ressourcenschonende Produktion. Alle unsere Titel werden in Österreich und seinen Nachbarländern gedruckt. Um umweltschädliche Verpackungen zu vermeiden, werden unsere Bücher nicht mehr einzeln in Folie eingeschweißt. Es ist uns ein Anliegen, einen nachhaltigen Beitrag zum Klima- und Umweltschutz zu leisten.

Bleiben wir in Verbindung –
melden Sie sich hier zu unserem Newsletter an!

Inhalt

Aufstriche & kalte Saucen

Vorspeisen

Suppen

Salate

Hauptspeisen

Desserts, Smoothies & Shakes

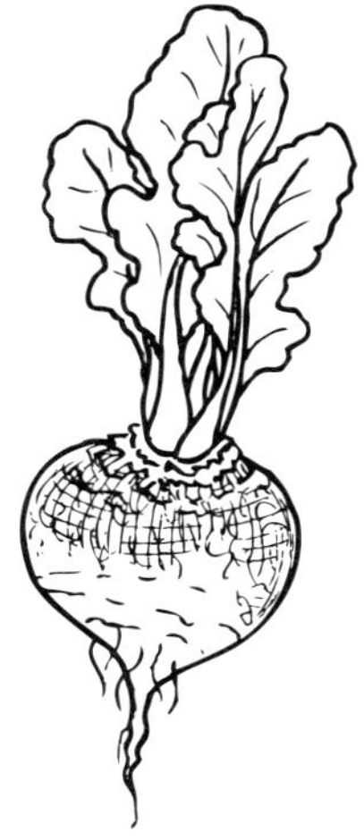

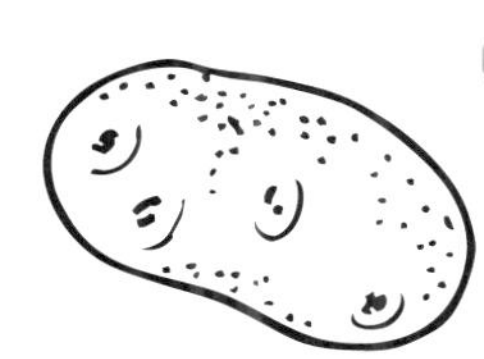

Vorwort

Die beste Motivation und Inspiration für eine gesunde Ernährung sind schnell und mühelos nachzukochende Gerichte!

Einfache Rezepte zwischen Anden und Alpen

Ich bin in einem landwirtschaftlich ertragreichen Gebiet in der Küstenregion Ecuadors auf die Welt gekommen. Die Vielfalt an Früchten, Gemüse und Gewürzen, die man hier in Südamerika vorfindet, entfachten bereits während meiner Kindheit eine Faszination für Aromen. Es war aber vor allem die einfache Lebensweise, die mein Bewusstsein für die Bedeutung unserer Natur und die Verwendung frischer Produkte nachhaltig geschärft hat. Während meiner beruflichen Aufenthalte in zahlreichen Ländern kam ich in Kontakt mit vielen Kulturen und konnte entsprechende Erfahrung in der Zubereitung und Verwendung von Lebensmitteln sammeln. Über die Jahre hinweg stellte ich fest, dass sich wesentliche Kochtechniken über Grenzen hinweg ähneln. Der wesentliche Unterschied ist für mich heute noch dahingehend auszumachen, dass in jeder Region überwiegend auf die landestypischen Produkte zurückgegriffen wird. Es begeistert mich immer wieder aufs Neue, die unterschiedlichsten Zutaten in den Händen zu halten, sie zu verarbeiten und zu genießen.

Naturbelassen, frisch und gesund

Die Arbeit mit natürlichen Lebensmitteln und die Suche nach neuen Geschmackskombinationen unter Berücksichtigung des Einflusses, den sie auf unseren Organismus haben, sind meine tagtägliche Motivation. Im Laufe der Zeit gerieten viele Gewürze in unseren Küchen in Vergessenheit, die unserem Essen nicht nur besondere Gerüche und Geschmäcke verleihen, sondern auch zu unserem Wohlbefinden beitragen. Mit den Aromen, die sie entfalten, sind sie wichtige Alternativen zu Salz und Zucker, welche heutzutage oft in gesundheitsschädlichen Mengen Bestandteile vieler Produkte und Speisen sind. Derweil enthalten zahlreiche Gewürze, die ich in der Küche für unabdingbar halte, antioxidative Verbindungen: Sie können unseren Körper dabei unterstützen, freie Radikale zu bekämpfen und die Gefahr für Zellschäden zu verringern. Ingwer, Kurkuma, Knoblauch und viele andere weisen entzündungshemmende Eigenschaften auf. Kreukümmel und Minze (und wiederum Ingwer) fördern die Verdauung, während Zimt zur Regulierung des Blutzuckerspiegels beitragen kann. Einige Studien deuten zudem darauf hin, dass Chili und schwarzer Pfeffer den Stoffwechsel verbessern.

Als dietätisch geschulter Koch habe ich daher immer auch den Faktor Gesundheit im Blick: Sich vegetarisch oder vegan zu ernähren, liegt ja nicht nur dem Tierschutz und der Umwelt zuliebe im Trend. Fleischlose Ernährung senkt, wie Studien gezeigt haben, das Risiko für Herz-Kreislauf-Erkrankungen und für Diabetes mellitus Typ 2, ebenso auch die Gefahr für Entzündungen wie Rheuma oder Arthritis.

Meine Kochphilosophie zeichnet sich dadurch aus, dass ich einen großen Wert auf die Verwendung frischer Produkte sowie eine natürliche Ernährung ohne Konservierungsstoffe oder chemische Geschmacksverstärker lege. In den meisten Regionen und nicht zuletzt im mitteleuropäischen Raum schenken uns alle Jahreszeiten die nötigen Produkte, um uns gegen Belastungen von außen zu wappnen. Entsprechend finden sich in diesem Buch Rezepte mit bei uns gängigem Sommer- und Wintergemüse, darüber hinaus ob meiner Herkunft aber auch Ausflüge in die internationale Küche. Das meiste gängige Winterobst wie Äpfel und Limetten oder Wintergemüse wie Rote Bete, Feldsalat und Süßkartoffeln sind voller wichtiger Nährstoffe wie Vitamin A, das für die Versorgung der Schleimhäute, der Haut und für die Sehkraft wesentlich ist. Auch die B-Vitamine spielen eine wichtige Rolle – sie stärken das Nervensystem und machen uns weniger anfällig für Müdigkeit und Erschöpfung. Das in so vielen Früchte- und Gemüsesorten ebenso enthaltene Vitamin C schützt vor Infektionen mit Viren und Bakterien, während Vitamin K elementar für die Blutgerinnung und die Knochengesundheit ist. Sommerfrüchte wie Ananas und Feigen oder Sommergemüse wie Karotten, Tomaten, Stangensellerie oder Zucchini enthalten unter anderem auch Vitamin E, das starke antioxidative Eigenschaften aufweist, darüber hinaus noch Mineralstoffe wie Kalzium, Phosphor und Magnesium, die von zentraler Bedeutung für den Aufbau von Körpergewebe, Zellen und Knochen sind.

Gesunde Ernährung geht ganz einfach!

In diesem Buch habe ich meine besten Gerichte der vegan-vegetarischen Küche versammelt. Es handelt sich um Speisen, die einfach nachzukochen sind und so auch besonders all jene ansprechen sollen, die mit der vegan-vegetarischen Küche bislang noch gar nicht oder nicht so stark in Berührung gekommen sind, aber zukünftig vermehrt auf Fleisch verzichten wollen.

Die meisten vegetarischen Rezepten lassen sich auch einfach in vegane Varianten umwandeln, indem die folgenden Zutaten ersetzt werden:

Vegetarisch	**Vegan**
Butter	pflanzliche Margarine (Nicht immer ist pflanzliche Margarine auch wirklich frei von tierischen Produkten. Laut EU-Recht dürfen als „Margarine“ ausgelobte Produkte bis zu drei Prozent Milchfette, also tierische Fette, enthalten. Beim Einkauf empfiehlt es sich daher, auf ein Vegan-Siegel oder die Vegan-Kennzeichnung des Herstellers zu achten.)
Eier	Chia- oder Leinsamen (gemahlen, in Wasser verrührt), Sojamehl (in Wasser verrührt), Ei-Ersatzpulver; alternativ auch Apfelmus oder Bananen
Feta, Hirtenkäse	Cashewkäse; alternativ auch Natur-Tofu oder geräucherter Tofu
Joghurt	Sojajoghurt, Hafermilch-Joghurt, Kokosjoghurt, Cashewjoghurt, Mandeljoghurt
Milch	Sojadrink, Mandeldrink, Reisdrink
Sahne	Sojasahne, Hafersahne, Mandelsahne, Reissahne; alternativ auch Sojasauce oder Kokosmilch

Die Mengenangaben der Zutaten in den jeweiligen Rezepten richten sich grundsätzlich an vier Personen, wenn nicht anders angegeben.

Mit etwas Fantasie und Leidenschaft können auch Sie ganz einfach Speisen der vegan-vegetarischen Küche zubereiten, die nicht nur den Gaumen, sondern auch das Auge erfreuen und dem allgemeinen Wohlbefinden guttun. Und nun wünsche ich Ihnen viel Freude und Lust beim Nachkochen!

Josué Vergara,
im Frühjahr 2024

Aufstriche & kalte Saucen

Guacamole

1	mittelgroße rote Zwiebel, fein geschnitten
2	Knoblauchzehen, fein geschnitten
1 Bund	Koriander, fein geschnitten
1	kleine Chilischote, fein geschnitten
4	Limetten, Saft
	Salz, Pfeffer
4	große, essreife Avocados, halbiert, entkernt
4 EL	Olivenöl

Zwiebel, Knoblauch, Koriander und die Chilischote fein schneiden, danach mit dem Saft der ausgepressten Limetten sowie mit Salz und Pfeffer vermengen.

Die Avocados halbieren, entkernen und mit einem Löffel das Fruchtfleisch von der Schale befreien, der Mischung beigeben und mit Hilfe einer Gabel alles zerdrücken, bis eine cremige Masse entsteht.

Nach Bedarf weiter abschmecken und hierauf noch Olivenöl beimengen.

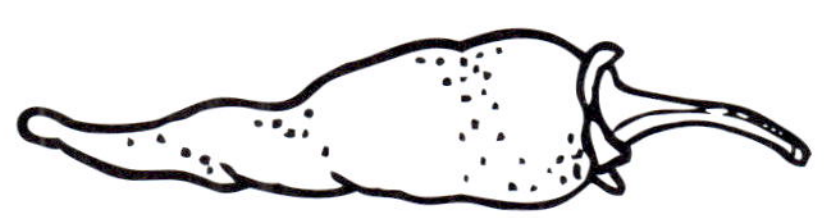

Chimichurri

6 EL	Olivenöl
4 EL	Rotweinessig
3	Knoblauchzehen, zerdrückt
1	kleiner Bund Petersilie, fein geschnitten
	frischer Oregano, fein geschnitten
2	kleine rote Chilischoten, entkernt, fein geschnitten
1 TL	Salz
	Pfeffer
	Zucker

Alle Zutaten vermengen und mit etwas Salz, Pfeffer und Zucker abschmecken.

In den Kühlschrank stellen, damit sich die ätherischen Öle und Aromen besser entfalten können.

Knoblauchsauce

250 g	Griechisches Joghurt
1 TL	mittelscharfer Senf
4	Knoblauchzehen, fein gehackt
	Salz, Pfeffer
1 Schuss	Zitronensaft
	Zucker

Joghurt, Senf und Knoblauch zusammen verrühren und mit Salz, Pfeffer sowie Zitronensaft abschmecken.

Nach Bedarf noch etwas Zucker dazugeben, um die Sauce geschmacklich abzurunden.

Bananen-Curry-Sauce

250 g	Griechisches Joghurt
2	reife Bananen, mittelgroß, geschält
4 EL	Currypulver
1 Schuss	Zitronensaft
1 Prise	Salz

Alle Zutaten mit einem Mixer fein pürieren, bis eine cremige Konsistenz entsteht.

Nach Belieben noch etwas nachwürzen.

Avocado-Aufstrich

1	essreife Avocado, entkernt, in kleine Würfel geschnitten
einige	Korianderblätter
3	Limetten, Saft
	Salz, Pfeffer
3 EL	Pflanzenöl
	Chili, gemahlen

Die Avocado entkernen und in kleine Würfel schneiden, danach auch den Koriander fein schneiden. Gemeinsam mit dem Limettensaft sowie etwas Salz, Pfeffer, Öl und Chili fein pürieren, bis die Masse die gewünschte cremige Konsistenz erreicht hat.

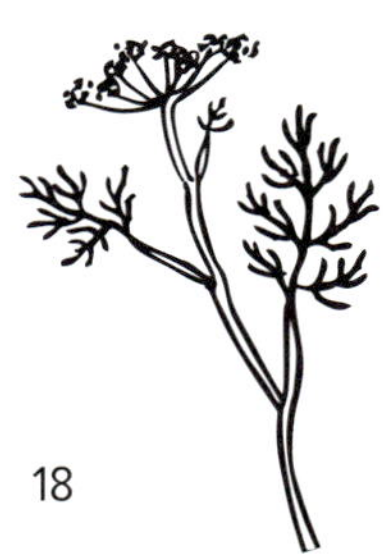

Erdbeer-Vinaigrette

5	mittelgroße Erdbeeren
1 Prise	Zucker
1 EL	Limettensaft
4 EL	kalt gepresstes Olivenöl
1 EL	Aceto Balsamico Bianco
	Salz

Die Erdbeeren mit Zucker und Limettensaft pürieren, danach das Olivenöl und den Balsamico Bianco dazugeben und alles vermixen. Mit Salz abschmecken.

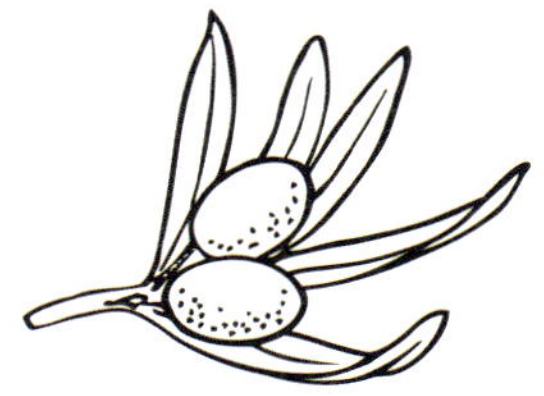

Joghurtdressing

1	kleine Knoblauchzehe, fein gehackt
250 g	Joghurt
	Kräutermix gehackt (Petersilie, Zitronenmelisse, Dill)
2 TL	Olivenöl
1 EL	Limettensaft

Knoblauch fein hacken und mit Joghurt, Kräutermix und Öl mit dem Schneebesen glatt rühren.

Mit Limettensaft und Salz abschmecken, danach kalt stellen.

Hummus

250 g vorgekochte Kichererbsen (aus ca. 125 g getrockneten)
200 g Tahin-Paste (wird auch als Tahina oder Tahini bezeichnet)
1 Knoblauchzehe, fein gehackt (je nach Geschmack kann darauf auch verzichtet werden)
1 TL Kreuzkümmel
1 Zitrone, Saft
Salz, Pfeffer
1 Schuss kaltes Wasser (je nach gewünschter Konsistenz mehr oder weniger)

optional etwas Olivenöl (zum Beträufeln)

Die Kichererbsen abtropfen lassen. Dabei das Abtropfwasser auffangen und mit allen weiteren Zutaten mit dem Pürierstab pürieren. Wenn das Mus zu fest sein sollte, dann einfach einen Schuss kaltes Wasser dazugeben, damit es in etwa die Konsistenz von Kartoffelpüree hat.

Tipps: Die in der Zutatenliste genannte Menge von Tahin ist nach meinem persönlichen Geschmack gewählt, ich liebe die nussige Note! Gegebenenfalls sollte man sich als „Neuling“ erst an das Aroma der Paste herantasten, d. h. eine etwas kleinere Ausgangsmenge wählen und nach Belieben dafür noch entsprechend nachwürzen.

Um den Geschmack abzurunden, kann der Hummus mit etwas Olivenöl beträufelt werden.

Möchte man getrocknete Kichererbsen selber verarbeiten, dann weicht man sie am besten über Nacht ein und kocht sie für ca. 45 Minuten in genügend Wasser (ohne Salz) weich.

Kichererbsen in Konserven sind meist schon gesalzen.

Das Rezept lässt sich noch weiter variieren:

- Mit etwas Rote-Bete-Saft wird es ein **Rote-Bete-Hummus.**
- Die Zugabe von 2 TL Tomatenmark und 1 TL Chilipulver ergibt ein köstliches **Chili-Hummus.**
- Für **Kurkuma-Hummus** einfach zum Grundrezept noch 2 TL Kurkuma dazugeben.

Erdnuss-Sauce

1	kleine Stange Lauch, geputzt, fein geschnitten
1	grüne Paprika, entkernt, in kleine Würfel geschnitten
1	mittelgroße rote Zwiebel, geschält, klein geschnitten
1	Knoblauchzehe, fein geschnitten
20 g	Ingwer, geschält, fein geschnitten
2 EL	Pflanzenöl zum Anbraten
1 Prise	Korianderpulver
1 Prise	Kreuzkümmelpulver
1 Prise	edelsüßes Paprikapulver
1	reife Tomate, enthäutet und in Würfel geschnitten
100 ml	Gemüsefond
1 Glas	Erdnussbutter (ungesüßt)
	Salz, Pfeffer
1	Limette, Saft

Lauch, Paprika, Zwiebel, Knoblauch und Ingwer in Pflanzenöl leicht anbraten. Hierauf Koriander-, Kreuzkümmel- und Paprikapulver dazugeben und unter ständigem Rühren weiter anbraten. Tomatenwürfel beimengen und weiter sautieren, bis eine pastenähnliche Konsistenz entstanden ist. Mit dem Gemüsefond ablöschen, Erdnussbutter dazugeben und unter weiterem Rühren ca. 5 Minuten leicht kochen lassen.

Dann mit einem Stabmixer fein pürieren sowie mit Salz, Pfeffer und Limettensaft abschmecken. Die Konsistenz kann mit etwas Gemüsefond weiter verdünnt oder mit der Erdnussbutter stärker gebunden werden.

Je nach Vorliebe und Einsatz kann die Sauce kalt (z. B. zum gegrillten Gemüse) oder warm (etwa zum orientalischen Reis, S. 147) serviert werden.

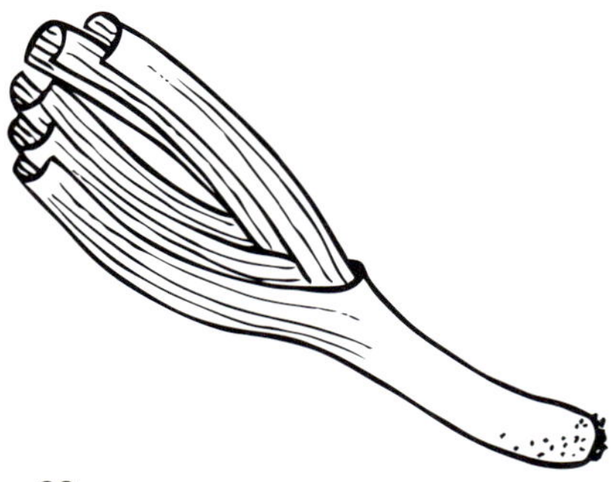

Schwarze-Bohnen-Sauce

1	kleine Stange Lauch, geputzt, fein geschnitten
1	grüne Paprika, entkernt, in kleine Würfel geschnitten
1	mittelgroße rote Zwiebel, geschält, klein geschnitten
1	Knoblauchzehe, fein geschnitten
20 g	Ingwer, geschält, fein geschnitten
2 EL	Pflanzenöl zum Anbraten
1 Prise	Korianderpulver
1 Prise	Kreuzkümmelpulver
1	reife Tomate, enthäutet, in Würfel geschnitten
100 ml	Gemüsefond
250 g	gekochte schwarze Bohnen
	Salz, Pfeffer
	frischer Koriander

Lauch, Paprika, Zwiebel, Knoblauch und Ingwer in Pflanzenöl leicht anbraten.

Koriander- und Kreuzkümmelpulver dazugeben und unter Rühren weiter anbraten.

Tomatenwürfel hinzugeben und weiter sautieren, bis eine pastenähnliche Konsistenz entstanden ist. Diese mit dem Gemüsefond ablöschen, die schwarzen Bohnen beimengen und für 15 Minuten unter ständigem Rühren weiterkochen lassen. Mit einem Stabmixer fein pürieren sowie mit Salz, Pfeffer und frischem Koriander abschmecken.

Die Konsistenz kann mit zusätzlichem Gemüsefond verdünnt werden.

Die Sauce lässt sich kalt (z. B. zum gegrillten Gemüse) oder warm (etwa zum orientalischen Reis, S. 147) servieren.

Schwarze-Bohnen-Dip mit Schokolade und Avocado

250 g	schwarze Bohnen, getrocknet
2	Knoblauchzehen, geschält, fein geschnitten
1	rote Zwiebel, fein geschnitten
1	kleine rote Chilischote mit Kernen, fein geschnitten
3 EL	Olivenöl
½ TL	Kreuzkümmel
1	Bio-Limette, gerieben, Saft ausgepresst
	frischer Koriander, fein geschnitten
1 TL	Zucker
1 TL	Zartbitterschokolade, gerieben
1	Avocado, entkernt, in Würfel geschnitten
	Salz, Pfeffer

Die Bohnen waschen und 12 Stunden in kaltem Wasser einweichen. Danach in einem Topf ca. 90 Minuten weich kochen (ohne Salz). Abseihen, sobald die Bohnen weich genug sind, und das Wasser in einem Gefäß auffangen.

In einem weiteren Topf Knoblauch, Zwiebel und die Chilischote in Olivenöl ansautieren, die gekochten Bohnen dazugeben, mit Kreuzkümmel, Limettenabrieb und -saft, Zucker sowie der Schokolade vermengen und mit Hilfe eines Pürierstabs fein pürieren. Etwas Bohnenwasser beifügen, bis sich eine cremige Konsistenz bildet. Mit Salz und Pfeffer abschmecken.

In einer Schüssel anrichten und mit Avocadowürfeln dekorieren.

Tipp: Dieser Dip lässt sich mit etwas Crème fraîche weiter verfeinern.

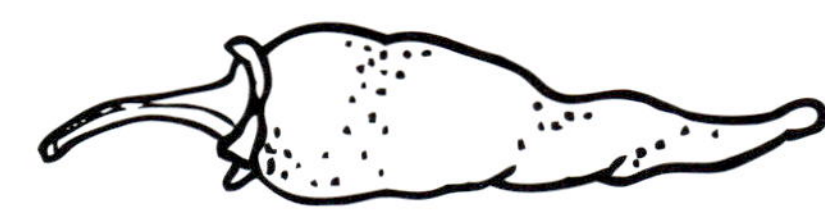

Grünes Pesto

100 g	Spinatblätter
100 g	Petersilienblätter
100 ml	Olivenöl
100 ml	Pflanzenöl
1	Knoblauchzehe
	Salz, Pfeffer

Alle Zutaten zusammen fein mixen, danach in einem kleinen Topf für ca. 10 Minuten auf 50 Grad unter ständigem Rühren erwärmen, damit sich die grüne Farbe intensiviert und das Pesto haltbar gemacht werden kann.

In ein hohes, schmales Gefäß füllen und im Kühlschrank abkühlen lassen. Dabei sinkt das feste Pesto nach unten und es lässt sich vom grünen Öl trennen. Letzteres eignet sich ausgezeichnet zum Garnieren von Suppen oder Salaten.

Vorspeisen

Omelett mit Tomatensalsa

Tomatensalsa

3	mittelgroße rote Zwiebeln, geschält, in feine Streifen geschnitten
4	mittelgroße reife Tomaten
4	Limetten, Saft
4 EL	Koriander, geschnitten
	Salz, Pfeffer
6 EL	Olivenöl

Omeletts

12	Eier
4 EL	Sahne
je 1 Prise	Salz und Pfeffer
2 EL	Butter

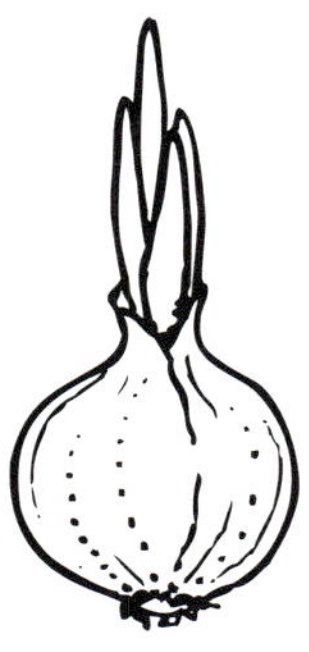

Für die Tomatensalsa die Zwiebeln in Julienne schneiden und in eine Schüssel mit kaltem Wasser geben, etwa 5 Minuten ruhen lassen.

Währenddessen die Tomaten in ca. 1 cm große Würfel schneiden, mit Limettensaft, Koriander, Salz und Pfeffer vermengen.

Die Zwiebeln aus dem Wasser herausnehmen und dazugeben.

Mit Olivenöl vermengen und vorsichtig rühren, nach Bedarf nachwürzen.

Für die Omeletts die Eier und die Sahne in eine Schüssel geben, mit Salz und Pfeffer abschmecken und gut verquirlen.

Einen halben Esslöffel Butter in einer Pfanne auf mittlerer Stufe schmelzen lassen und ein Viertel der Eimasse mit einer Schöpfkelle dazugeben. Dabei die Pfanne schwenken (aber das Omelett nicht wenden), um die Masse gut zu verteilen und stocken zu lassen.

Von links und rechts etwas falten, aus der Pfanne nehmen und von unten nach oben rollen.

In einem Teller anrichten und mit der Tomatensalsa dekoriert servieren.

Antipasti-Gemüse

je 1	grüne, gelbe und rote Paprika
2	kleine Zucchini
1	mittelgroße Aubergine
2	mittelgroße rote oder weiße Zwiebeln
5 EL	Olivenöl
1 Schuss	Aceto Balsamico Bianco
2	Knoblauchzehen, geschält, fein geschnitten
3 EL	frische Kräuter gemischt (Rosmarin, Oregano, Thymian)
	Salz, Pfeffer

Den Backofen auf 190 Grad Ober- und Unterhitze vorheizen.

Paprika, Zucchini und Aubergine waschen, Zwiebeln schälen und alles in mundgerechte Stücke schneiden.

Olivenöl, Balsamico, Knoblauch und Kräuter mischen, mit dem Gemüse vermengen sowie mit Salz und Pfeffer abschmecken.

Danach das Gemüse auf einem mit Backpapier ausgelegten Blech verteilen, in den vorgeheizten Ofen geben. Für ca. 15 Minuten garen und im ausgeschalteten Ofen noch 10 Minuten ziehen lassen.

Man kann dieses Antipasti-Gemüse warm als Beilage oder kalt mit frischen italienischen Kräutern bestreut und kalt gepresstem Olivenöl beträufelt servieren.

Ciabatta eignet sich als ein guter Begleiter!

Balsamico-Champignons

500 g	Champignons
1 Schuss	Zitronensaft
1	Knoblauchzehe, geschält, fein geschnitten
	Salz, Pfeffer

Balsamico-Reduktion

100 g	Zucker
250 ml	Aceto Balsamico Bianco
100 ml	trockener Rotwein
1	kleine rote Zwiebel, grob geschnitten
1	Knoblauchzehe
6	Wacholderbeeren
1	Lorbeerblatt
3	Nelken
	Salz, Pfeffer

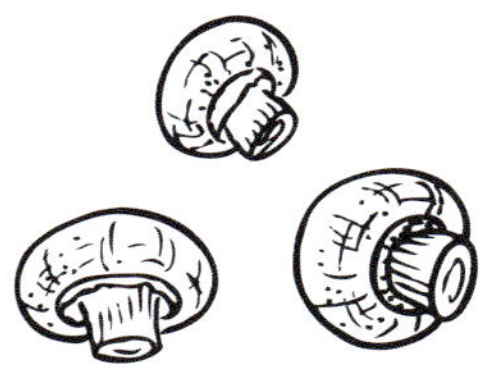

Den Backofen auf 190 Grad Ober- und Unterhitze vorheizen. Die Champignons am besten in trockenem Zustand putzen, nur bei grober Verschmutzung mit einem feuchten Tuch abreiben. Mit Zitronensaft, Knoblauch, Salz und Pfeffer vermengen und auf einem Backblech verteilen. Im vorgeheizten Ofen für ca. 15 Minuten garen.

Inzwischen die Balsamico-Reduktion vorbereiten. Dazu den Zucker in einem Topf zum Schmelzen bringen und mit dem Balsamico ablöschen. Wein und die grob geschnittene Zwiebel mit Schale beimengen. Die Knoblauchzehen mit dem flachen Messer zerdrücken und mit den Wacholderbeeren, dem Lorbeerblatt und den Nelken ebenfalls in den Sud geben.
Einige Minuten kochen lassen und alles so weit einreduzieren, bis die gewünschte Konsistenz erreicht ist. Zum Schluss durch ein Sieb passieren und mit Salz und Pfeffer abschmecken.

Die Champignons aus dem Ofen nehmen, von der entstandenen Flüssigkeit trennen und zur Seite stellen. Die Flüssigkeit aufheben und mit der Balsamico-Reduktion erwärmen. Die Champignons hineingeben, 3–4 Minuten köcheln lassen. Nach dem Abkühlen in Vorratsgläser füllen und im Kühlschrank aufbewahren. Die Balsamico-Champignons lassen sich durch diese Art der Zubereitung gut aufbewahren und schmecken von Tag zu Tag besser, da sie die Reduktion aufsaugen.

Tomaten-Carpaccio mit Balsamicofeigen und Burrata

4	Ochsenherz-Tomaten, in dünne Scheiben geschnitten
4 EL	Basilikum-Pesto
	Rucola (als Garnitur)
4	kleine Kugeln Burrata
150 ml	Balsamico-Reduktion (S. 32)
4	halbreife Feigen, geviertelt
	Salz und Pfeffer aus der Mühle
	Olivenöl zum Beträufeln
	frischer Koriander zum Dekorieren

Die Ochsenherz-Tomaten quer in dünne Scheiben schneiden und auf vier Teller verteilen, Basilikumpesto darüber träufeln.

Etwas Rucola in der Mitte der Teller anrichten.

Die Burrata-Kugeln jeweils kreuzförmig einschneiden und auf dem Salat platzieren.

Die Balsamico-Reduktion in einem Topf aufwärmen, die Feigen vierteln und in der Reduktion eine Minute mitkochen, danach herausnehmen und auf jeder Burrata-Kugel dekorativ anrichten.

Mit Salz und frisch gemahlenem Pfeffer abschmecken und mit etwas Olivenöl beträufeln, mit Koriander dekorieren.

Patacones

4 grüne Kochbananen
Pflanzenöl
Salz

Patacones aus Südamerika – in Mittelamerika und in der Karibik nennt man sie Tostones – sind zweifach frittierte Kochbananen-Stücke. Sie werden als Beilage oder alleine mit Salsa serviert.

Die Enden der Kochbananen abschneiden, die Schale aufschneiden und mit Hilfe eines Messers entfernen. Die geschälten Kochbananen in 2 cm große Stücke schneiden.

Eine kleine Pfanne ca. 1 cm hoch mit Öl befüllen und die Bananenscheiben ca. 2 Minuten von beiden Seiten langsam frittieren, herausnehmen und auf Küchenpapier abtropfen lassen.

Die noch warmen Bananenstücke mit einem Glas, einer Tortillapresse oder einem Kuchenteller flach drücken.

Die Bananenchips für ca. 2 Minuten ein zweites Mal frittieren, bis sie eine goldgelbe Farbe annehmen. Auf Küchenpapier wieder abtropfen lassen und mit Salz bestreuen.

Patacones schmecken hervorragend in Kombination mit Tomatensalsa (S. 28), Sourcreme (S. 128) oder Gaucamole (S. 15).

Yuca Frita

800 g Maniok (entspricht ungefähr einer großen Wurzel)
Salz
Öl

Yuca, auch Cassava oder Maniok genannt, wirkt stoffwechselaktivierend. In rohem Zustand ist die Pflanze nicht empfehlenswert, da sie Saponine enthält. Dieser seifenartige Inhaltsstoff kann bei Kleinkindern zu Durchfall oder Erbrechen führen.

Die Enden der Maniokwurzel abschneiden. Dann der Länge nach in der Mitte halbieren und die holzigen Venen herausschneiden. Danach in dicke, pommesförmige Stücke schneiden.
In einem Topf mit Salz und reichlich Wasser ca. 20–30 Minuten weich kochen. Abseihen, das Wasser wegschütten und den Maniok gut abtropfen lassen.

Eine Kasserolle 2 cm hoch mit Öl befüllen und den Maniok langsam frittieren, bis er eine knusprige Konsistenz hat.

Den Maniok in einer großen Schüssel oder auf einem großen Teller mit Knoblauchsauce (S. 16), Sourcreme (S. 128) oder Guacamole (S. 15) servieren.

Tipps: Erhältlich ist Maniok z. B. im gut sortierten Asia-Shop. Enthält der Maniok nach dem Kochen zu viel Wasser, dann kann man ihn kurz im Ofen bei 200 Grad ausdämpfen lassen und danach frittieren.

Emborrajados de Maduro (Ecuador)

250 g	glattes Mehl, Type 405
200 ml	Milch
1 Schuss	Olivenöl
2	Eier (L)
4	reife Kochbananen (am besten eignen sich jene, die schon eine etwas schwarze Schale haben)
	Pflanzenöl
1 Prise	Salz
	Mehl (zum Wenden)

Für den Teig Mehl, Milch, Olivenöl und das Ei glatt rühren. Den Teig für mindestens 5 Minuten quellen lassen.

Von den reifen Kochbananen die Enden abschneiden und die Schale entfernen. Die Bananen halbieren und jede Hälfte der Länge nach in vier Scheiben schneiden, mit etwas Salz bestreuen.

In einer Schüssel mit Mehl wenden und danach durch den Teig ziehen, herausnehmen und im vorgeheizten Öl goldbraun frittieren.

Warm servieren.

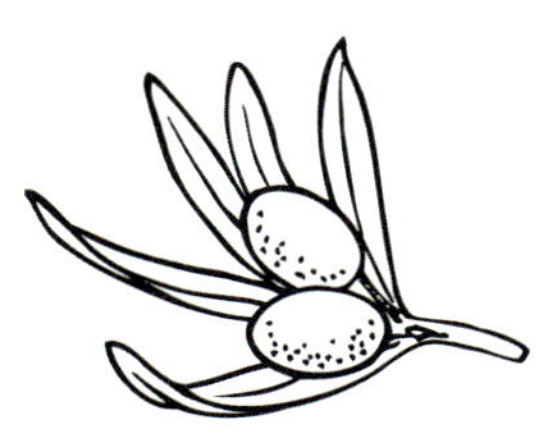

Maniok-Ceviche

2	große rote Zwiebeln
300 g	bunte Kirschtomaten
4	Limetten (ausgepresst)
4 EL	geschnittener Koriander
	Salz, Pfeffer
500 g	Maniok, gekocht und in ½ cm große Würfel geschnitten
6 EL	Olivenöl

Die roten Zwiebeln schälen, in feine Streifen schneiden, in eine Schüssel mit kaltem Wasser geben und für etwa 5 Minuten ruhen lassen.

Die Tomaten vierteln und mit dem Limettensaft, Koriander, Salz und Pfeffer in einer anderen Schüssel vermengen.

Die Zwiebeln aus dem Wasser herausnehmen und dazugeben, den gewürfelten Maniok ebenso hinzufügen, mit dem Olivenöl vermengen und vorsichtig rühren.

Nach Bedarf mit Salz und Pfeffer nachwürzen.

Variante mit Edamame: Man verzichtet auf Maniok und greift dafür auf 500 g geschälte Edamame zurück.

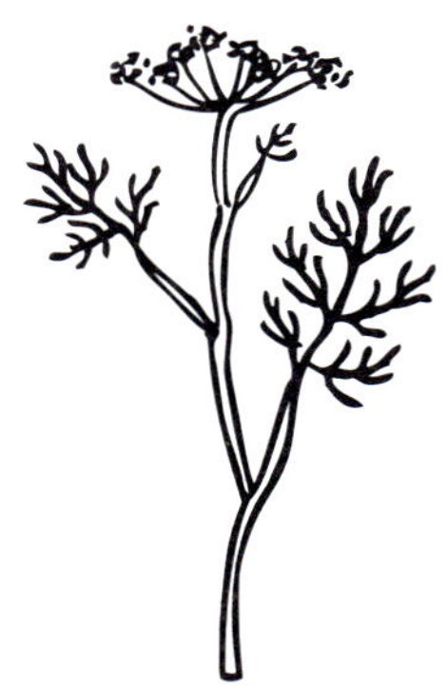

Suppen

Gemüsefond

ca. 1 Stunde Kochzeit

1 l	Wasser
400 g	frisches Wurzelgemüse (z. B. Karotten, Pastinaken, Petersilienwurzel, Knollensellerie, Staudensellerie, Fenchelknollen, Ingwer – auch alle anfallenden Schalen, Blätter und gute Reste)
2	Lorbeerblätter
2	Muskatblüten
	Korianderkörner
	getrocknete Pilze
	frische Kräuter nach Geschmack (z. B. Thymian, Majoran, Petersilie, Kerbel, Liebstöckel)
	Meersalz zum Abschmecken

Das Gemüse unter fließendem Wasser gut waschen, mit der Schale klein schneiden und in einem Topf mit kaltem Wasser aufstellen. Die Gewürze zugeben und etwa 60 Minuten köcheln lassen. Danach die Kräuter beimengen und den Fond durch ein Haarsieb seihen, gut mit Meersalz abschmecken und als klare Suppe oder mit einer Suppeneinlage servieren.

Als Grundlage für die Zubereitung der verschiedenen Gemüsecremesuppen im Kühlschrank aufbewahren.

Tipp: Sinnvoll ist es, gleich mehrere Liter mit der entsprechenden Menge an Zutaten zuzubereiten und portionsweise einzufrieren.

Die frischen Kräuter immer erst zum Schluss zugeben und kurz ziehen lassen, da sich so die ätherischen Öle am besten entfalten können, ohne einen bitteren Geschmack zu hinterlassen.

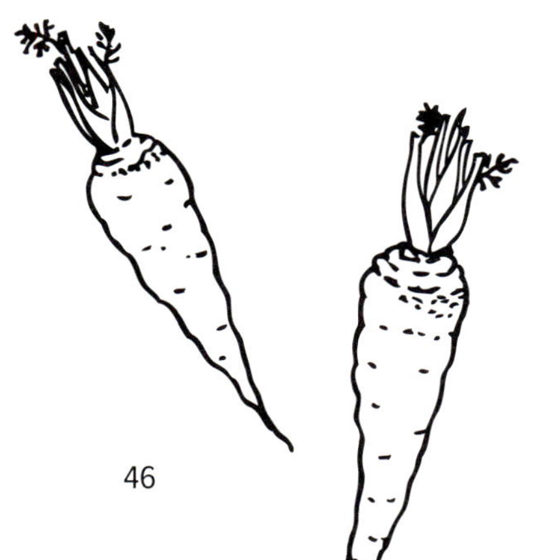

Spargelcremesuppe

1 kg	weißer Spargel, gewaschen, geschält, in kleine Stücke geschnitten
	Zucker
	Salz
400 ml	Spargelfond
50 g	Butter
50 g	Mehl
400 ml	Gemüsefond
250 ml	Sahne
	weißer Pfeffer
2 EL	Zitronensaft
	Erbsensprossen und grüner Wildspargel zur Dekoration

Den Spargel waschen, schälen, die holzigen Enden etwas abschneiden, diese in kleine Stücke schneiden und in 1 Liter Wasser mit etwas Zucker und Salz aufkochen.

Ca. 10 Minuten leicht köcheln lassen, danach durch ein Sieb gießen – den Spargelfond auffangen.

In einem Topf Butter schmelzen lassen, die Spargelstücke hineingeben und hell ansautieren. Mit Mehl bestäuben und mit dem Spargel- und Gemüsefond ablöschen. Leicht kochen lassen, Sahne dazugeben. Mit Salz, weißem Pfeffer und Zitronensaft abschmecken und alles pürieren.

Zum Abschluss noch mit Erbspensprossen und grünem Wildspargel dekorieren.

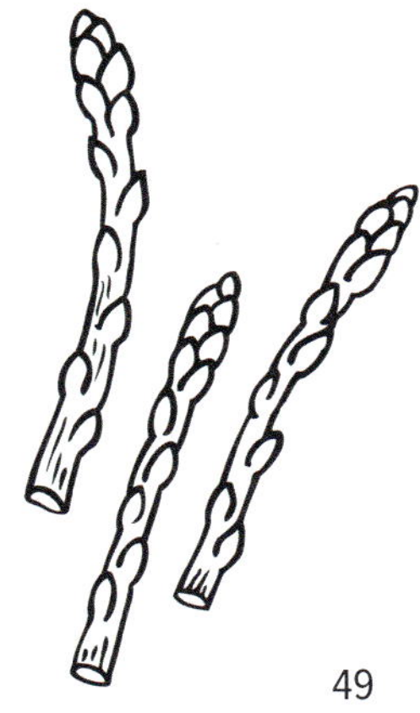

Gelbe-Bete-Cremesuppe

500 g	Gelbe Bete, geschält und grob geschnitten
800 ml	Gemüsefond
1 Stück	Sternanis
ca. 100 ml	Sahne
	Salz

Gelbe Bete in einen Topf geben und mit dem Gemüsefond auffüllen. Etwa 20 Minuten langsam weich kochen. Die letzten 3 Minuten den Sternanis mitkochen lassen. Danach diesen entfernen und die Suppe im Mixglas mit der Sahne gut mixen und mit Salz nach Geschmack abschmecken.

Kürbis-Kokos-Suppe

600 g	Muskatkürbis
1	mittelgroße Zwiebel
1	Knoblauchzehe
ca. 20 g	Ingwer
50 g	Butter
400 ml	Gemüsefond
400 ml	Kokosmilch
	Salz, Pfeffer
1	Sternanis
40 g	Kürbiskerne
	Kürbiskernöl

Den Muskatkürbis in ca. 2–3 cm große Würfel schneiden. Die Zwiebel schälen und in kleine Würfel schneiden, Knoblauch und Ingwer fein hacken.

Knoblauch, Zwiebel und Ingwer mit Butter in einem Topf glasig anschwitzen. Den Kürbis dazugeben, kurz anbraten und mit Gemüsefond ablöschen. Langsam kochen lassen, bis der Kürbis weich ist. Dann Kokosmilch dazugeben, 5 Minuten mitkochen lassen und mit einem Stabmixer fein pürieren.

Mit Salz und Pfeffer abschmecken, danach den Sternanis als Ganzes in die warme Suppe geben (zur Verteilung der ätherischen Öle). 5 Minuten ziehen lassen und wieder herausnehmen.

Die Suppe servieren und mit gerösteten Kürbiskernen und Kürbiskernöl garnieren.

Cremige Kartoffelsuppe mit Avocado

50 g	Butter
1	kleine Zwiebel, gewürfelt
5	mehligkochende Kartoffeln
1 l	Gemüsefond
	Muskatnuss, gerieben
	Majoran
125 ml	Sahne
1	reife Avocado

Butter in einem Topf schmelzen, die gewürfelte Zwiebel darin glasig anschwitzen. Die Kartoffeln waschen, schälen, in Würfel schneiden und zugeben. Kurz mitanbraten und mit dem Gemüsefond auffüllen. Geriebene Muskatnuss und Majoran dazugeben und kochen lassen, bis die Kartoffeln sehr weich sind. Mit einem Pürierstab mixen, die Sahne dazugeben. Die Avocado schälen, entsteinen und in grobe Würfel schneiden.

Die Suppe mit der Avocado als Einlage servieren.

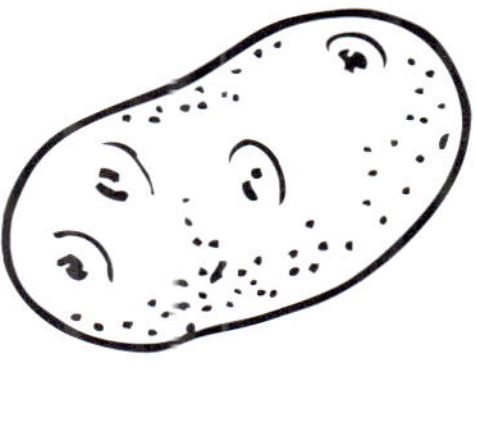
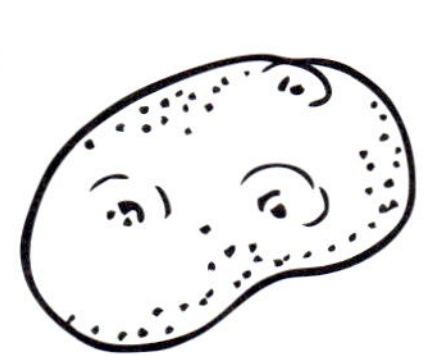

Sommerliche Gemüsesuppe

(mi sopa favorita)

3 EL	Olivenöl
1	Lauch, nur der weiße Teil gewaschen, in Ringe geschnitten
1	mittelgroße Zwiebel, gewürfelt
2	Knoblauchzehen, fein geschnitten
1	grüne Paprika, gewürfelt
1 Prise	Korianderpulver
2 reife	Tomaten, geschält und in kleine Würfel geschnitten
½ TL	Safranfäden
1	Fenchelknolle, gewaschen und in kleine Würfel geschnitten
200 g	Karotten, geschält und in ca. 0,5 cm große Würfel geschnitten
3	Stangen Stangensellerie, gewaschen und in ca. 0,5 cm große Scheiben geschnitten
1 l	Gemüsefond
	Salz, Pfeffer
	frischer Kräutermix (Thymian, Petersilie, Oregano)
200 g	vorgekochte Muschelnudeln
1 Dose	weiße Bohnen
100 g	Kirschtomaten, in Scheiben geschnitten, zum Garnieren

In einem Topf das Öl erhitzen. Den Lauch, Zwiebel, Knoblauchzehen und die grüne Paprika ansautieren, bis sie gar sind. Das Korianderpulver kurz mitansautieren, mit den Tomaten ablöschen und die Safranfäden dazugeben. Weiter ansautieren, bis es fast zu einer Paste geworden ist.

Die Karotten dazugeben, mit dem Gemüsefond auffüllen. Kurz kochen lassen, bis die Karotten gar sind, danach Fenchel und Stangensellerie beimengen. Weitere 5 Minuten kochen lassen.

Mit Salz und Pfeffer abschmecken, die Kräuter und die vorgekochten Muschelnudeln (al dente) mit den Bohnen hineingeben. Nun die Temperatur zurückdrehen und die Suppe ca. 10 Minuten stehen lassen.

In tiefen Tellern servieren, mit Kirschtomaten garnieren.

Fenchel-Birnen-Suppe

- 2 große Fenchelknollen
- 3 Schalotten
- 3 große Birnen
- 50 g Butter
- 800 ml Gemüsefond
- 200 ml Sahne
- 1 EL Fenchelsamen
- 1 EL Zitronensaft
- Salz, Pfeffer
- 2 EL Olivenöl

Eine Fenchelknolle halbieren und acht hauchdünne Streifen für die Garnitur abschneiden. Zugedeckt mit kaltem Wasser beiseitestellen. Den restlichen Fenchel in Stücke schneiden.

Schalotten schälen und grob würfeln.

Birnen schälen, entkernen und ebenfalls in Stücke schneiden.

Butter in einem Topf erhitzen und Schalotten darin andünsten. Fenchel und die Birne dazugeben und kurz mitdünsten lassen. Mit Gemüsefond aufgießen, die Sahne dazugeben und etwa 30 Minuten gar kochen.

Fenchelsamen in einer trockenen Pfanne etwas erhitzen und danach mörsern.

Mit Hilfe eines Pürierstabs die Suppe pürieren. Mit Zitronensaft, Salz und Pfeffer abschmecken und auf vier Teller verteilen.

Mit Fenchelstreifen garnieren, mit Olivenöl beträufeln und mit den gemörserten Fenchelsamen bestreuen.

Süßkartoffel-Mandel-Suppe

500 g	Süßkartoffeln, geschält, grob geschnitten
800 ml	Gemüsefond
100 g	Mandeln, blanchiert, enthäutet
ca. 200 ml	Sahne
	Salz
	Gestiftete Mandeln zum Dekorieren

Süßkartoffeln in einen Topf geben und mit dem Gemüsefond auffüllen. Etwa 10 Minuten langsam weich kochen. Die Mandeln mit etwas Gemüsefond mit einem Mixer fein pürieren und mit der Sahne im Topf mitkochen. Die Suppe mit eine Stabmixer fein pürieren.

Mit Salz nach Geschmack abschmecken und mit gestifteten Mandeln dekorieren.

Gemüsesuppe mit Quinoa

je 50 g	Frühlingszwiebeln, grüne Paprika und Tomaten, in Würfel geschnitten
1–2 cm	Ingwer
1	Knoblauchzehe, zerdrückt
1 EL	Olivenöl
ca. 200 g	frisches buntes Gemüse (Fenchel, Karotten, in breite Streifen geschnittener Pak Choi, Staudensellerie, Erbsen)
1 l	Gemüsefond
50 g	Quinoa, gekocht
	Meersalz, Pfeffer
	Thymian, frisch gehackt

Frühlingszwiebeln, Ingwer, Knoblauch und Paprika in Olivenöl anschwitzen.

Das Gemüse klein würfeln und ohne Pak Choi anschwitzen, Tomaten dazugeben und weitere 2 Minuten schmoren lassen, bis die Tomaten weich sind. Mit Gemüsefond auffüllen und etwa 10 Minuten al dente kochen. Quinoa nach Packungsanleitung kochen und mit dem Pak Choi zur Suppe geben.

Mit Salz und Pfeffer abschmecken und mit frisch gehacktem Thymian bestreuen.

Kurz ziehen lassen und servieren.

Tipp: Ein Schuss kalt gepresstes Olivenöl rundet den Geschmack ab.

Palmherzen-Suppe

2 EL	Erdnussöl
½	Zwiebel, klein geschnitten
1	Knoblauchzehe, klein geschnitten
100 g	Mandeln, gehackt
2 Dosen	(je 400 g) Palmherzen
1 l	Gemüsefond
120 ml	Mandeldrink

Öl in einem Topf erwärmen. Zwiebel und Knoblauch klein schneiden, Mandeln hacken und ansautieren. Die Palmherzen abtropfen lassen und kurz mitansautieren.

Mit Gemüsefond aufgießen und 10 Minuten leicht kochen lassen.
Abschließend den Mandeldrink dazugeben und mit dem Stabmixer fein pürieren, bis eine sämige Konsistenz entsteht.

Locro de Papa

(Ecuadorianische Kartoffelsuppe)

3 TL	Olivenöl
2	Knoblauchzehen
1	mittelgroße Zwiebel
1 TL	Kreuzkümmel, gemahlen
1 TL	edelsüßes Paprikapulver
1 kg	mehligkochende Kartoffeln, in grobe Stücke geschnitten
1 l	Gemüsefond
200 ml	Milch
150 g	Hirtenkäse
	Salz
2	Frühlingszwiebeln, gewaschen, in feine Ringe geschnitten
	frischer Koriander, fein geschnitten, nach Geschmack

In einem Topf mit Öl Knoblauch und Zwiebeln andünsten. Kreuzkümmel und Paprikapulver zugeben und für ca. 3 Minuten anrösten.

Kartoffeln hinzufügen, gut durchschwenken und ebenfalls 3–4 Minuten anschwitzen.

Dann mit Gemüsefond ablöschen und 20 Minuten köcheln lassen, bis die Kartoffeln gar sind. Anschließend pürieren und die Milch beimengen. Den Käse zerbröseln und die Hälfte in die Suppe einrühren.

Mit Salz abschmecken.

Frühlingszwiebeln waschen und in feine Ringe schneiden, den restlichen Käse zerbröseln und mit den Frühlingszwiebelringen und dem Koriander vermengen.

Die Suppe gut durchrühren und mit der Mischung aus Zwiebelringen, Käse und Koriander garnieren.

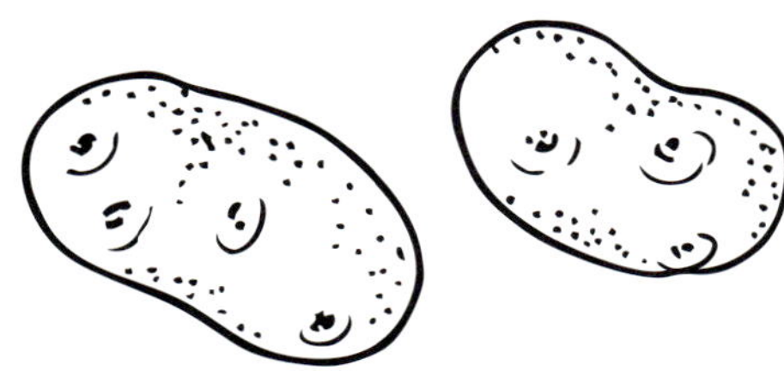

Chupe de Verdura

1	kleine Stange Lauch, geputzt, fein geschnitten
1	grüne Paprika, entkernt, in kleine Würfel geschnitten
1	rote Zwiebel, mittelgroß, geschält, klein geschnitten
1	Knoblauchzehe, fein geschnitten
40 g	Ingwer, geschält, fein geschnitten
1 EL	Pflanzenöl (zum Anbraten)
1 Prise	Korianderpulver
1 Prise	Kreuzkümmelpulver
1 EL	edelsüßes Paprikapulver
1	reife Tomate, enthäutet, in Würfel geschnitten
80 g	Karotten, in Würfel geschnitten
200 g	festkochende Kartoffeln, geschält, in Würfel geschnitten
1 l	Gemüsefond
200 ml	Milch
80 g	Staudensellerie, in Würfel geschnitten
100 g	gekochte Edamame, geschält
	Salz, Pfeffer
2 EL	frischer Koriander, fein geschnitten, zum Dekorieren

Pochierte Eier

1,5 l	Wasser
150 ml	Tafelessig
4	Eier (L)

Lauch, Paprika, Zwiebel, Knoblauch und Ingwer in Pflanzenöl leicht anbraten.

Koriander-, Kreuzkümmel- und Paprikapulver dazugeben und unter ständigem Rühren weiter anbraten. Mit Tomatenwürfeln ablöschen und weiter sautieren, bis eine pastenähnliche Konsistenz entstanden ist.

Die Karotten und Kartoffeln dazugeben und mit Gemüsefond und Milch auffüllen. Weiterkochen lassen, bis die Karotten und Kartoffeln bissfest sind. Staudensellerie und Edamame zugeben und weitere 5 Minuten kochen lassen, mit Salz und Pfeffer abschmecken.

Währenddessen die pochierten Eier zubereiten. Dazu das Wasser auf ca. 90 Grad mit dem Essig aufkochen, mit einem Kochlöffel einen Strudel im Topf erzeugen und die aufgeschlagenen Eier langsam hineingleiten lassen. Durch den Wirbel ummantelt das Eiklar den Eidotter – es kann dabei leicht weiter gerührt werden. Den Topf vom Herd nehmen und die Eier ca. 3–4 Minuten ziehen lassen.

Die Suppe in tiefen Tellern anrichten, die pochierten Eier hinheingeben und mit frischem Koriander dekorieren.

Erbsencremesuppe

50 g	Butter
1	Zwiebel, fein geschnitten
2	Frühlingszwiebeln, fein geschnitten
900 g	Erbsen (TK)
1 l	Gemüsefond
	Salz, Pfeffer
1	Bio-Zitrone, Saft und Abrieb
200 g	Crème fraîche
1 EL	frische Zitronenmelisse, fein geschnitten
	Chiliflocken

Butter in einem großen Topf schmelzen lassen, darin Zwiebeln sowie Frühlingszwiebeln 3 Minuten anschwitzen. Erbsen hinzufügen, kurz weiterbraten und schließlich mit Gemüsefond ablöschen. Ca. 20 Minuten köcheln lassen, bis alles gar ist.

Mit Salz, Pfeffer und Zitronensaft abschmecken, danach mit Hilfe eines Pürierstabs fein pürieren.

Die Erbsensuppe in tiefen Tellern anrichten, dazu noch Crème fraîche, Zitronenmelisse, Chiliflocken und den Zitronenabrieb gleichmäßig dekorativ darauf verteilen.

Salate

Ecuadorianischer Kartoffelsalat

4	mittelgroße, festkochende Kartoffeln
4	mittelgroße Karotten
300 g	Rote Bete
100 g	Erbsen, tiefgekühlt
2	Äpfel
2	Limetten, Saft

Dressing

250 g	fettarmer Joghurt
2 EL	Olivenöl
½	Knoblauchzehe, fein gehackt
	frischer Koriander
	frische glatte Petersilie
	Salz, weiterer Knoblauch (nach Geschmack)

Kartoffeln, Karotten und Rote Bete waschen und in der Schale zusammen in Salzwasser bissfest garen. Dann das Gemüse herausnehmen, abkühlen lassen, schälen und in ca. 2 cm große Würfel schneiden. Die Erbsen kurz blanchieren und abkühlen lassen.

Die Äpfel schälen und in ca. 1 cm große Würfel schneiden. Mit etwas Limettensaft beträufeln.

Für das Dressing den Joghurt mit dem Olivenöl, einer halben fein gehackten Knoblauchzehe sowie grob geschnittenem Koriander und Petersilie glatt rühren.

Mit etwas Limettensaft und Salz abschmecken.

Alle Zutaten mit dem Dressing vermengen und mit frischem Koriander und Petersilie garniert servieren.

Ecuadorianischer Tomaten-Avocado-Salat

3	mittelgroße rote Zwiebeln
4	Fleischtomaten, geschält
4	Limetten (ausgepresst)
4 EL	frischer Koriander, fein geschnitten
2 Prisen	Salz
	frischer schwarzer Pfeffer aus der Mühle
4	reife Avocados, entkernt, in 1 cm große Würfel geschnitten
6 EL	Olivenöl

Die roten Zwiebeln schälen, in feine Streifen schneiden, in eine Schüssel mit kaltem Wasser geben und etwa 5 Minuten darin wässern.

Die Tomaten in 1 cm große Würfel schneiden und mit dem Limettensaft, Koriander, Salz und Pfeffer vermengen.

Die Zwiebeln abtropfen lassen, mit den Avocadowürfeln und dem Olivenöl zu den Tomaten geben, nach Bedarf mit Salz und Pfeffer nachwürzen.

Tipp: Man legt die Zwiebelstreifen in kaltes Wasser, um die Schärfe zu mildern und den Geschmack zu verfeinern.

Spinatsalat mit Erdbeeren und Mozzarella

100 g	Erdbeeren, geviertelt
200 g	frischer Babyspinat
1	mittelgroße rote Zwiebel
250 g	Mozzarella, in Würfel geschnitten
	Orangen-Vinaigrette (S. 76)
	Salz, bunter Pfeffer
	Olivenöl (extra vergine)

Die Erdbeeren vierteln. Den Spinat waschen und abtropfen lassen. Rote Zwiebel in Streifen und Mozzarella in Würfel schneiden.

Danach alle Zutaten mit der Orangen-Vinaigrette (alternativ kann man auch auf das Joghurt-Dressing von S. 19 zurückgreifen) sanft vermischen, mit Salz und Pfeffer abschmecken und mit Olivenöl beträufeln.

Mango-Tomaten-Salat mit Avocado

2	Mangos, geschält, in Würfel geschnitten
200 g	Kirschtomaten, geviertelt
2	reife Avocados, geschält, entsteint, in 1 cm große Würfel geschnitten
1	mittelgroße rote Zwiebel, geschält, halbiert, in Scheiben geschnitten
	Orangen-Vinaigrette (S. 76)
	Petersilie zum Dekorieren

Die Mangos schälen und in ca. 1 cm große Würfel schneiden.

Die Kirschtomaten vierteln.

Die Avocados schälen, entsteinen und ebenfalls in Würfel schneiden.

Die Zwiebel schälen, halbieren und in Scheiben schneiden.

Danach alle Zutaten mit der Orangen-Vinaigrette sanft vermischen und mit Petersilie dekorieren – und schon ist der Salat fertig zum Servieren!

Bunter Quinoa-Salat

300 g	Quinoa
80 g	Nussmischung
80 g	Karotten, vorgekocht, in Würfel geschnitten
80 g	Salatgurke, in Würfel geschnitten
20	Kalamata-Oliven, in Würfel geschnitten
100 g	Feta, in Würfel geschnitten
2	Avocados, schnittfest (aber reif), entsteint, in Würfel geschnitten
1 TL	frischer Knoblauch, fein geschnitten
2	Limetten, Saft
	frischer Thymian und Oregano, fein geschnitten
	Walnussöl
	Salz, Pfeffer

Quinoa nach Packungsanweisung kochen, abkühlen lassen oder mit kaltem Wasser abspülen, abtropfen lassen und mit den restlichen Zutaten vermengen.

Mit Salz und Pfeffer abschmecken.

Bunter Reissalat

für 4–6 Personen

500 g	Naturreis
3	kleine Zucchini
2	Karotten
1	rote Paprika
1	gelbe Paprika
1	rote Zwiebel
1	Knoblauchzehe, sehr fein geschnitten
1 Stück	Ingwer (ca. 20 g), sehr fein geschnitten
1 EL	Rapsöl
	Salz
50 g	Korinthen
50 g	Cashewkerne, grob gehackt
	frischer Koriander
	frische Petersilie
3 EL	Olivenöl

Den Reis in reichlich Salzwasser bissfest kochen, abgießen, kalt abschrecken und gut abtropfen lassen.

Das Gemüse waschen und putzen. Zucchini, Karotten, Paprikaschoten und rote Zwiebel in kleine Würfel schneiden. Knoblauch und Ingwer fein schneiden und in einem Topf in Rapsöl anbraten. Das Gemüse dazugeben und 5 Minuten mitbraten. Mit etwas Salz abschmecken. Die Korinthen und die grob gehackten Cashewkerne dazugeben, die Kräuter beimengen und kurz abkühlen lassen.

Alles zusammen mit dem Reis und Olivenöl in einer Schüssel vermischen.

Tipp: Vermisst man einen säuerlichen Geschmack, dann empfiehlt es sich, noch etwas Limettensaft unterzumischen.

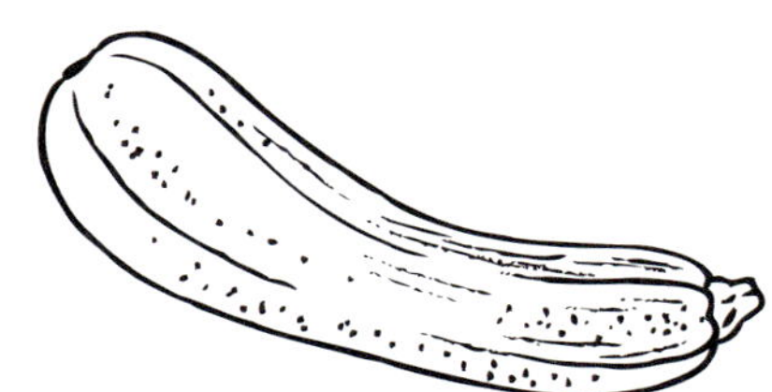

Feldsalat mit Orangen und karamellisierten Maronen

100 g	Feldsalat
2	Orangen
200 g	Maronen, vorgekocht
3 EL	Pflanzenöl
4 EL	Himbeeressig
50 ml	Orangensaft
2 TL	Orangenblütenhonig
	Salz
	frisch gemahlener Pfeffer

Den Salat waschen und putzen, die Orangen schälen und filetieren. Die Maronen je nach Größe halbieren oder vierteln und in 1 EL Pflanzenöl anrösten.

Das restliche Öl mit dem Essig, Orangensaft und Honig zu einem Dressing verrühren. Dieses in einer Kasserolle erwärmen und mit Salz und Pfeffer würzen.

Die Maronen dazugeben, 2 Minuten darin ziehen und danach kurz abkühlen lassen.

Den Feldsalat auf vier Tellern gleichmäßig verteilen und dekorativ mit den Maronen und dem Dressing anrichten.

Wirsing-Orangen-Salat mit karamellisierten Walnüssen

600 g Wirsing
2 Orangen, filetiert

Karamellisierte Walnüsse
200 ml Wasser
200 g Zucker
300 g Walnüsse

Orangen-Vinaigrette (125 ml)
4 EL Orangensaft
4 EL kalt gepresstes Olivenöl
2 EL Agavendicksaft
je 1 Prise Salz und Pfeffer
1 Schalotte

Minzeblätter und Granatapfelkerne zum Garnieren

Wirsing putzen, Strunk abschneiden und in 2 cm große Rauten schneiden.

Das Wirsingkraut in kochendes Salzwasser geben und 30 Sekunden sprudelnd blanchieren. Danach herausnehmen und in Eiswasser abschrecken. In einem Sieb abtropfen und gut trocknen lassen.

Die Orangen schälen und die weiße Haut vollständig entfernen, schöne Filets herausschneiden.

Für die karamellisierten Walnüsse zunächst Wasser mit Zucker in einem Topf aufkochen, bis der Zucker anfängt, leicht braun zu werden. Dabei darauf achten, dass er nicht zu dunkel (und damit zu bitter) wird. Die Walnüsse dazugeben, die Hitze reduzieren und die Nüsse unter ständigem Rühren mit Karamell vermengen. Die Walnüsse aus dem Topf nehmen und auf einem Backpapier einzeln verteilen und abkühlen lassen.

Für die Vinaigrette den Orangensaft, Olivenöl, Agavendicksaft, Salz und Pfeffer verrühren. Die Schalotte schälen, fein würfeln und mit der Vinaigrette gut vermischen.

Wirsing und Orangenfilets auf Tellern anrichten, die Vinaigrette darüber träufeln. Mit den karamellisierten Walnüssen toppen und mit den Minzblättern und Granatapfelkernen dekorieren.

Lauwarmer Nudelsalat mit Wildspargel

400 g	Bandnudeln
200 g	Wildspargel, gewaschen, in längliche Stücke geschnitten
4 EL	Olivenöl
4 EL	Balsamico-Reduktion (S. 32)
	Salz, Pfeffer aus der Mühle
optional	120 g geriebener Montello und 2 Handvoll geputzte Rucolablätter (alternativ auch frischer Schnittlauch oder Rotes Basilikum) zum Garnieren

Die Nudeln nach Packungsbeilage kochen, abkühlen und beiseitestellen.

Den Wildspargel waschen und in längliche Stücke schneiden, Olivenöl in einer Pfanne erhitzen. Den Spargel beimengen und eine halbe Minute leicht anbraten. Danach die vorgekochten Nudeln dazugeben und alles gut vermischen.

Vom Herd nehmen und mit der Balsamico-Reduktion, Salz und Pfeffer abschmecken und auf vier Tellern verteilen.

Um den Geschmack abzurunden, eignet sich geriebener Montello und etwas Rucola (oder Schnittlauch sowie Rotes Basilikum) als Garnitur.

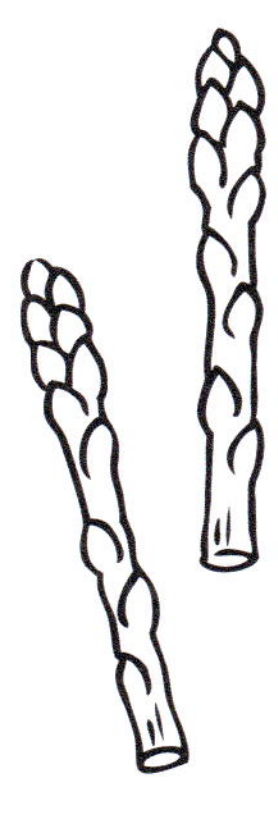

Mango-Salat mit grünem Spargel

600 g	grüner Spargel
3	große reife Mangos, entkernt, in Würfel geschnitten
2	große rote Zwiebeln, geschält, in Streifen geschnitten

Dressing

2	reife Limetten, Saft
2 EL	Agavendicksaft
4 EL	Olivenöl (extra vergine)
	Salz, Pfeffer

Vom Spargel die holzigen Enden abschneiden und das untere Drittel schälen. In gesalzenem kochendem Wasser 2–3 Minuten blanchieren, bis er zart, aber noch bissfest ist. Danach sofort im Eiswasser abschrecken, anschließend in mundgerechte Stücke schneiden.

In einer großen Schüssel die Spargelstücke, Mangowürfel und Zwiebelstreifen vermischen.

Für das Dressing in einer kleinen Schüssel Limettensaft, Agavendicksaft, Olivenöl, Salz und Pfeffer verrühren.

Das Dressing mit dem Salat vorsichtig vermischen und dann im Kühlschrank ca. 15 Minuten ziehen lassen, damit sich die Aromen gut entfalten können.

Orientalischer Gurkensalat mit Petersilie, Minze und Nüssen

2 Bund	glatte Petersilie
1 Bund	Minze
8	Datteln, entkernt
200 g	Kirschtomaten
2	Bio-Salatgurken
2	Bio-Zitronen
6	EL Olivenöl
	Salz, Pfeffer
1 Handvoll	Granatapfelkerne
200 g	Nussmischung zum Garnieren

Die Petersilie und die Minze waschen, trocknen und fein schneiden. Die Datteln in kleine Würfel schneiden. Kirschtomaten waschen, trocknen und vierteln. Dann die Gurke waschen, trocknen, die Kerne entfernen und in 1 cm große Würfel schneiden.

Die Zitronen auspressen und den Saft mit Olivenöl verrühren. Mit Salz und Pfeffer würzen.

Alle Zutaten in einer großen Schüssel vermischen.

Zuletzt mit Granatapfelkernen und der Nussmischung garnieren.

Rote-Bete-Salat mit Walnüssen und pochiertem Ei

1 kg	Rote Bete
1	Limette, Saft
	Salz, Pfeffer
	Olivenöl (extra vergine)
100 g	Walnüsse, grob gehackt

Pochierte Eier

1,5 l	Wasser
150 ml	Tafelessig
4	Eier (L)

Rote Bete waschen, in der Schale in Salzwasser weich kochen. Danach schälen und in Würfel oder Scheiben schneiden. Mit Limettensaft, Salz, Pfeffer und Olivenöl vermischen. Die gehackten Walnüsse darüber streuen.

Danach die pochierten Eier (S. 61) zubereiten.

Die Eier mit einem Schaumlöffel aus dem Wasser heben, abtropfen lassen und dekorativ auf dem Salat anrichten.

Tipp: Kurz bevor das Wasser zu kochen beginnt, ist die gewünschte Temperatur von ca. 90 Grad erreicht.

Kürbis-Spinat-Salat

1 kg	Hokkaidokürbis
4 EL	Olivenöl
1	Knoblauchzehe, geschält, fein geschnitten
	Salz, Pfeffer
1	rote Zwiebel
4 EL	Olivenöl (extra vergine)
200 g	Babyspinat, gewaschen, getrocknet
1	Bio-Zitrone, Saft und Abrieb
4 EL	Granatapfelkerne

Den Ofen auf 200 Grad Umluft vorheizen.

Den Hokkaidokürbis waschen und entkernen, das Fruchtfleisch ungeschält in ca. 2 cm große Würfel schneiden.

In eine Pfanne Olivenöl leicht erhitzen, die geschälte und fein geschnittene Knoblauchzehe hell anrösten, mit einer Prise Salz und Pfeffer würzen und mit dem Kürbis vermengen. Die Zwiebel schälen, in ca. 2 cm große Stücke schneiden, zum Kürbis geben und untermengen.

In eine feuerfeste Auflaufform geben. Im vorgeheizten Ofen 12–15 Minuten backen, danach auf Zimmertemperatur abkühlen lassen.

In einer Salatschüssel den Hokkaidokürbis mit dem Babyspinat vorsichtig vermengen und mit dem Saft und Abrieb von 1 Bio-Zitrone abschmecken, mit Granatapfelkernen garnieren.

Ensalada de Garbanzos

500 g	Kichererbsen, gekocht oder aus der Dose
100 g	Kirschtomaten, geviertelt
1	mittelgroße rote Zwiebel, geschält, fein geschnitten
1	Limette (ausgepresst)
je 1 Prise	Salz, Pfeffer und Zucker
1 Bund	Koriander, fein geschnitten
6 EL	Olivenöl
	Rote Bete, gestreift, zum Dekorieren

In eine Schüssel die Kichererbsen und Kirschtomaten geben.

In einer anderen kleinen Schüssel die fein geschnittene Zwiebel mit Limettensaft, je einer Prise Salz, frisch gemahlenem Pfeffer und Zucker vermengen.

Die Salatmischung zusammen mit dem fein geschnittenen Koriander und dem Olivenöl dazugeben und alles gut vermischen.

Mit gestreifter Roter Bete dekorieren.

Fenchelsalat

2	Knollen Fenchel
1	große rote Zwiebel, geschält, in grobe Spalten geschnitten
1 l	Wasser
100 ml	Tafelessig
50 ml	Olivenöl
2	Knoblauchzehen, geschält, in feine Scheiben geschnitten
1	Bio-Zitrone, Saft und Schale
	Salz
	frischer Pfeffer aus der Mühle
	Kerbelblätter zum Dekorieren

Die Fenchelknollen vierteln und vom Strunk befreien. In einem Topf mit leicht gesalzenem Wasser ca. eine Minute kochen, anschließend herausnehmen und in kaltem Wasser ca. 5 Minuten abkühlen lassen. Sieben, die einzelnen Fenchelblätter herauslösen und in mundgerechte Stücke schneiden. In eine Schüssel geben, beiseitestellen.

Ein Liter Wasser mit Essig und einer Prise Salz verrühren und zum Kochen bringen, die Zwiebelspalten darin für eine Minute kochen. Vom Herd nehmen und 5 Minuten ziehen lassen. In kaltem Wasser abschrecken, abkühlen lassen, sieben und zum Fenchel geben.

In einer kleinen Pfanne das Olivenöl bei mittlerer Hitze erwärmen, eine Prise Salz dazugeben. Die Knoblauchscheiben goldbraun darin frittieren und anschließend zusammen mit dem Öl auf den Fenchel gießen.

Alle Zutaten gut vermengen und mit Zitronensaft, geriebener Zitronenschale, Salz und Pfeffer abschmecken.

Mit Kerbelblättern dekorieren.

Hauptspeisen

Quinoa-Risotto

250 g	Quinoa
1	Schalotte, in kleine Würfel geschnitten
30 g	Butter
1 Prise	Korianderpulver
1 Prise	Kreuzkümmelpulver
750 ml	Gemüsefond
	Salz
120 g	geriebener Montello
	frischer Kerbel, fein geschnitten

Die Quinoa gut waschen.

Danach die Schalotten in kleine Würfel schneiden und in einem Topf mit etwas Butter anschwitzen. Den Koriander und das Kreuzkümmelpulver mitansautieren und mit Gemüsefond ablöschen.

Die Quinoa dazugeben und bei niedriger Temperatur halb zugedeckt weich kochen, bis die Flüssigkeit komplett aufgenommen wurde und die Quinoa noch etwas bissfest ist.

Mit Salz und geriebenem Montello abschmecken und den fein geschnittenen Kerbel dazugeben.

Rote-Bete-Kokos-Bratlinge

Zutaten für ca. 12 kleine Bratlinge

350 g Rote Bete, geschält, grob geraspelt
100 g Kokosflocken
1 Limette, Saft
2 EL Kartoffelstärke
Salz, Pfeffer
1 Ei
Öl zum Braten

Die Rote Bete schälen und grob raspeln, mit den Kokosflocken, Limettensaft und Kartoffelstärke mischen, mit Salz sowie etwas Pfeffer abschmecken und das Ei unterrühren.

Aus der Masse 12 gleich große Bratlinge formen und in einer geölten Pfanne bei mittlerer Hitze braten, bis sie auf beiden Seiten leicht gebräunt sind.

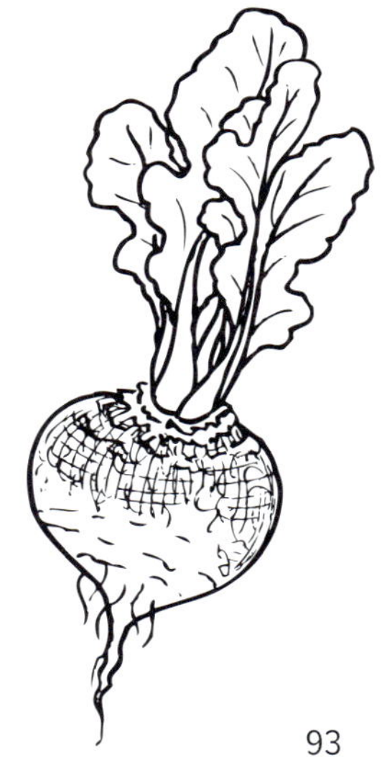

Hirse-Bratlinge

Zutaten für ca. 15 Bratlinge

200 g	Goldhirse
400 ml	Gemüsefond
1	grüne Paprika, entkernt, geschält, in kleine Würfel geschnitten
40 g	Ingwer, geschält, fein geschnitten
2 EL	Kräuter, gemischt (z. B. eine tiefgekühlte Kräutermischung)
1 Prise	Korianderpulver
1 Prise	Kreuzkümmelpulver
1 Prise	edelsüßes Paprikapulver
1	reife Tomate, enthäutet, in Würfel geschnitten
1 EL	Kartoffelstärke
	Salz, Pfeffer
	Öl zum Braten
	Cashewkerne zum Garnieren

Die Hirse im Gemüsefond langsam und ohne Salz weich kochen, bis sie den ganzen Fond aufgenommen hat. Danach beiseitestellen.

Grüne Paprika und Ingwer in einem Topf ansautieren und die Kräuter und Gewürze dazugeben.

Kurz bei schwacher Hitze anbraten und auch gleich die Tomatenwürfel untermengen – weiterkochen, bis eine Paste entsteht.

Die Hirse und das Kartoffelmehl dazugeben, zu einer Masse verarbeiten, mit Salz und Pfeffer abschmecken.

Ca. 15 Bratlinge mit den Händen formen und in einer Pfanne mit etwas Öl langsam anbraten, bis sie Farbe angenommen haben. Die Bratlinge ungefähr 10 Minuten im Ofen bei rund 160 Grad Heißluft fertigbacken.

Mit Cashewkernen garnieren.
Als Beilage eignet sich sehr gut Rotkraut.

Süßkartoffelgratin

ca. 1 kg	Süßkartoffeln, geschält, gewaschen, in feine Scheiben geschnitten
	frischer Thymian
250 ml	Schlagsahne
200 g	Quark
1	kleine Knoblauchzehe, zerdrückt
3	Eier
	Salz, Pfeffer
200 g	Montello, gerieben

Ofen auf ca. 200 Grad vorheizen. Süßkartoffeln schälen, waschen, in feine Scheiben schneiden und in einer entsprechend großen Auflaufform schichten.

Kräuter, Sahne, Quark, Knoblauch und Eier verquirlen und mit Salz und Pfeffer abschmecken. Die Mischung über die Kartoffeln gleichmäßig gießen, darüber noch den Montello streuen und mit Alufolie abdecken.

Das Gratin im heißen Ofen auf der mittleren Schiene ca. 50 Minuten garen.

Anschließend die Folie abnehmen und weitere 6 Minuten backen, bis das Gratin eine goldbraune Farbe angenommen hat.

Bunter Linseneintopf

400 g	Berglinsen
3 EL	Pflanzenöl
1	kleine Stange Lauch, geputzt, fein geschnitten
1	grüne Paprika, entkernt, in kleine Würfel geschnitten
1	rote Zwiebel, mittelgroß, geschält, klein geschnitten
1	Knoblauchzehe, fein geschnitten
40 g	Ingwer, geschält, fein geschnitten
je 1 Prise	Koriander-, Kreuzkümmel und Süßpaprikapulver
1	reife Tomate, enthäutet, in Würfel geschnitten
80 g	Karotten, in Würfel geschnitten
800 ml	Gemüsefond
80 g	Staudensellerie, in Würfel geschnitten
250 ml	Kokosmilch
	Salz
	frischer Thymian oder frische Petersilie
	Olivenöl (extra vergine) zum Beträufeln

In einem Topf rund ein Liter Wasser zum Kochen bringen, die Linsen hineingeben und zugedeckt bei mittlerer Hitze etwa 20 Minuten kochen lassen. Die Linsen dabei nicht salzen – sonst werden sie nicht weich. Ab und zu umrühren. Sobald die Linsen gar sind, abgießen und beiseitestellen.

Lauch, Paprika, Zwiebel, Knoblauch und Ingwer in Pflanzenöl leicht anbraten. Koriander-, Kreuzkümmel- und Süßpaprikapulver dazugeben und unter Rühren weiter anbraten. Mit Tomatenwürfeln ablöschen und weiter sautieren, bis eine Paste entstanden ist. Karotten dazugeben und mit Gemüsefond auffüllen. Weiter kochen lassen, bis die Karotten bissfest sind, den Staudensellerie zugeben und weitere 5 Minuten leicht köcheln lassen.

Gekochte Linsen und Kokosmilch hineingeben, mit Salz abschmecken. Den frisch gehackten Thymian oder Petersilie dazugeben und kurz ziehen lassen.

In tiefen Tellern anrichten und mit Olivenöl (extra vergine) beträufeln.

Risotto

1	kleine Zwiebel
2 EL	Olivenöl
250 g	Risottoreis (Arborio)
500 ml	Gemüsefond
	Salz
4 EL	Montello, gerieben (optional)

Zwiebel schälen und würfeln. Olivenöl in einem Topf erhitzen. Die Zwiebelwürfel darin anschwitzen. Risottoreis hinzufügen und glasig anbraten. Mit etwas Fond aufgießen, zum Kochen bringen. Bei schwacher Hitze etwa 20 Minuten mit Deckel quellen lassen, dabei nach und nach den Fond hinzufügen. Zum Schluss optional noch geriebenen Montello darunterrühren.

Risotto mit Salz abschmecken, in eine Schüssel füllen.

Grünes Risotto

30 g	Sonnenblumenkerne
100 g	frische Spinatblätter
1 Bund	Kräutermix (Petersilie, Basilikum, Estragon)
1	Knoblauchzehe, geschält, grob gehackt
60 ml	Olivenöl
1 Prise	Salz und Pfeffer
	Risotto, vorgekocht (siehe Grundrezept darüber)

Die Sonnenblumenkerne in einer Pfanne ohne Fett anrösten.

Die Spinatblätter und die Kräuter waschen, trocken schütteln und abzupfen. Den Knoblauch schälen, grob hacken und in einen Mixer geben. Öl und Sonnenblumenkerne beigeben. Danach pürieren, sodass eine cremige Masse entsteht. Zum Schluss mit Salz und Pfeffer würzen.

Das Pesto gut mit dem vorgekochten Risotto mischen, bis er eine schöne grüne Farbe annimmt.

Tomatenrisotto

2 EL	Olivenöl
1	Knoblauchzehe, in Würfel geschnitten
1	kleine Schalotte
20 g	Butter
1 EL	Tomatenmark
4	Tomaten, geschält, in Würfel geschnitten
200 ml	Gemüsefond
	Risotto, vorgekocht (siehe Grundrezept S. 99)
	Salz
	frisches Basilikum, geschnitten

In einem Topf Olivenöl leicht erhitzen und die geschnittene Knoblauchzehe mit den Schalottenwürfeln und der Butter andünsten. Tomatenmark unterrühren und die Tomatenwürfel mitdünsten, bis sie geschmort sind. Hierauf den Fond dazugeben und 5 Minuten garen.

Zum Schluss das vorgekochte Risotto beimengen, kurz darin erwärmen, mit Salz abschmecken und mit gehacktem Basilikum daruntermischen.

Kürbisrisotto mit Burrata

2 EL	Olivenöl
1	Zwiebel, fein gehackt
2	Knoblauchzehen, fein gehackt
1	mittelgroßer Hokkaidokürbis, in kleine Würfel geschnitten
400 g	Arborio-Reis
1 l	Gemüsefond, erhitzt
50 g	Montello, gerieben
	Salz und Pfeffer nach Geschmack
	Muskatnuss, gerieben
4	vegetarische Burratas
	frische Petersilie oder Schnittlauch zum Garnieren

Das Olivenöl in einem ausreichend großen Topf erhitzen. Die gehackte Zwiebel und den Knoblauch hinzufügen und bei mittlerer Hitze glasig braten.

Die Kürbiswürfel hinzugeben und etwa 5 Minuten lang unter gelegentlichem Rühren anbraten, bis sie leicht gebräunt sind.

Den Risottoreis hinzufügen und unter Rühren etwa 2 Minuten lang anrösten, bis er leicht glasig wird.

Einen Schöpfer Gemüsefond zum Reis-Kürbis-Gemisch hinzufügen und unter ständigem Rühren köcheln lassen, bis die Flüssigkeit fast vollständig aufgesogen ist. Dann nach und nach weiteren Fond hinzufügen und weiterrühren. So lange wiederholen, bis der Reis cremig und al dente ist.

Den geriebenen Montello unterrühren und mit Salz, Pfeffer und frisch geriebener Muskatnuss abschmecken.

Das Risotto vom Herd nehmen und ein paar Minuten ruhen lassen, damit sich die Aromen entfalten können.

Das Risotto auf Teller portionieren, jeweils eine Burrata daraufsetzen und mit frisch gehackter Petersilie oder Schnittlauch garnieren. Nach Belieben mit zusätzlichem Montello bestreuen.

Risotto verde mit gebratenen Waldpilzen

Pesto

2	kleine Knoblauchzehen
250 ml	Olivenöl (extra vergine)
50 ml	Pflanzenöl
100 g	Basilikumblätter
100 g	Spinatblätter
	Salz
	Risotto, vorgekocht (siehe Grundrezept S. 99)
500 g	gemischte Pilze
	frischer Thymian, fein geschnitten

Mit einem Pürierstab zuerst eine Knoblauchzehe in 200 ml Oliven- und dem gesamten Pflanzenöl zu einem Brei zerkleinern. Nach und nach Basilikum und Spinatblätter dazugeben und alles fein pürieren, mit etwas Salz abschmecken. Achtung: Nicht zu lange und nicht zu schnell rühren! Damit wird vermieden, dass die Öle zu bitter werden.

Das Risotto wie im Grundrezept zubereiten, mit Pesto vermengen.

50 ml Olivenöl in einer Pfanne erwärmen, eine zerkleinerte Knoblauchzehe andünsten, die Pilze dazugeben und leicht anbraten. Den frischen Thymian mit den warmen Pilzen vermengen.

Auf einem Teller dekorativ anrichten.

Auberginencurry

3 EL	Rapsöl
1	kleine Stange Lauch, geputzt, fein geschnitten
1	grüne Paprika, entkernt, in kleine Würfel geschnitten
1	mittelgroße rote Zwiebel, geschält, klein geschnitten
1	Knoblauchzehe, fein geschnitten
30 g	Ingwer, geschält, fein geschnitten
2 Stängel	Zitronengras, fein geschnitten
1 kl. Stück	Galgant, fein geschnitten
1 TL	Korianderpulver
1 TL	Kreuzkümmelpulver
1 TL	Kurkumapulver
1	Kaffirlimette, Schale
½ TL	Paprikapulver
1	reife Tomate, enthäutet, in Würfel geschnitten
150 ml	Gemüsefond
500 ml	Kokosmilch
	Salz, Pfeffer
	frischer Koriander
1 EL	Chiliflocken
5	große Auberginen
50 ml	Olivenöl

Rapsöl in einen Topf geben. Darin Lauch, Paprika, Zwiebel, Knoblauch, Ingwer, Zitronengras und Galgant anbraten, bis das Gemüse etwas Farbe angenommen hat. Die Temperatur zurückdrehen, die Gewürzpulver dazugeben und kurz weiter ansautieren. Mit der Tomate ablöschen und weiter ansautieren, bis eine Paste entstanden ist. Mit Gemüsefond und Kokosmilch aufgießen und ca. 10 Minuten köcheln lassen. Mit Salz, Pfeffer und Chiliflocken abschmecken, dann mit einem Stabmixer fein pürieren, bis eine sämige Sauce entsteht.

Die Auberginen in etwa 2 cm große Würfel schneiden, mit Knoblauch, Salz und Pfeffer marinieren und mit Olivenöl beträufeln.

In eine feuerfeste Form hineingeben und im auf 200 Grad vorgeheizten Ofen 10 Minuten garen.

Gemeinsam mit der Sauce anrichten.

Tipp: Als Beilage eignen sich Basmatireis oder in der Schale gekochte Kartoffeln.

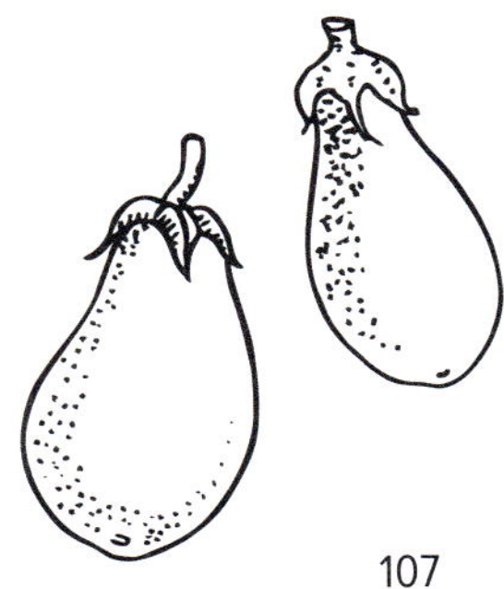

Tofu-Teriyaki mit Cashews

500 g	geräucherter Tofu, gewürfelt
6 EL	Maisstärke
1 TL	Knoblauchpulver
1 TL	Ingwergranulat
	Salz, Pfeffer
2 EL	Pflanzenöl
40 g	Cashewkerne
2	Knoblauchzehen
1	Zitrone, Saft
1	kleine Schalotte
6 EL	Agavendicksaft
6 EL	Sojasauce
250 ml	Wasser

Den Tofu in mundgerechte Würfel schneiden. In einer Schüssel 2 EL Maisstärke, Knoblauchpulver, Ingwergranulat, je eine Prise Salz und Pfeffer sowie das Pflanzenöl verrühren, bis ein dünner Teig entsteht. Die Tofu-Würfel hinzugeben und vermischen, auf ein Backblech mit Backpapier verteilen und ca. 15 Minuten bei 190 Grad backen.

In einer trockenen Pfanne die Cashewkerne auf mittlerer Stufe unter ständigem Rühren ca. 5 Minuten rösten, bis sie etwas Farbe angenommen haben und man den angenehmen nussigen Geruch wahrnehmen kann.

Die Knoblauchzehen schälen und fein hacken. Die Zitrone halbieren und den Saft auspressen. Die Schalotte schälen und fein schneiden. In einer Pfanne mit Agavendicksaft, Sojasauce, 240 ml Wasser und Zitronensaft zum Kochen bringen. In einer Tasse die restliche Speisestärke mit 4 EL Wasser verdünnen, unter ständigem Rühren unter die Sauce geben und ca. 1–2 Minuten köcheln lassen. Tofu und Cashewkerne dazugeben und gut mit der Sauce vermischen.

Tofu-Teriyaki kann zum Beispiel mit Basmatireis und blanchiertem Gemüse serviert werden.

Kochbananen-Eintopf

1	kleine Stange Lauch, geputzt, fein geschnitten
1	grüne Paprika, entkernt, in kleine Würfel geschnitten
1	mittelgroße rote Zwiebel, geschält, klein geschnitten
1	Knoblauchzehe, fein geschnitten
30 g	Ingwer, geschält, fein geschnitten
3 EL	Rapsöl
1 Prise	Korianderpulver
1 Prise	Kreuzkümmelpulver
½ TL	edelsüßes Paprikapulver
1	Tomate, enthäutet, in Würfel geschnitten
1 EL	Erdnussbutter
2	kleine Kochbananen
1 l	Gemüsefond
	Salz, Pfeffer
	Olivenöl zum Beträufeln
	frischer Koriander zum Bestreuen

Lauch, Paprika, Zwiebel, Knoblauch und Ingwer in Öl leicht anbraten.

Koriander-, Kreuzkümmel- und Paprikapulver beimengen und unter ständigem Rühren weiter anbraten. Zuerst die Tomatenwürfel, danach die Erdnussbutter dazugeben und weiter sautieren, bis eine pastenähnliche Konsistenz entstanden ist.

In der Zwischenzeit die Kochbananen schälen und in Stücke schneiden, zusammen mit einer Gabel oder einem Kartoffelstampfer grob pürieren und zum sautierten Gemüse gießen.

Alles zusammen aufkochen lassen, bis eine sämige Konsistenz entstanden ist.

Mit Salz und etwas Pfeffer abschmecken. Mit Olivenöl beträufeln und mit frischem Koriander bestreuen. In tiefen Tellern servieren.

Tipp: Falls der Eintopf zu dick geworden ist, kann man ihn mit etwas Gemüsefond verdünnen.

Quark-Spinat-Knödel auf Rahmwirsing

Quarkteig

100 g	Butter (Zimmertemperatur)
1 TL	Salz
1 Prise	gemahlener Pfeffer
1 Prise	Muskatnuss
2	Eier
500 g	Quark
250 g	Mehl

Füllung

200 g	Spinat (frisch oder Tiefkühlware)
200 g	geriebener Käse (Empfehlung: Bergkäse und Mozzarella)
1	mittelgroße Zwiebel, in Würfel geschnitten
80 g	Butter
1 Prise	Salz

Rahmwirsing

1	Wirsing
80 g	Butter
50 g	Mehl
1 Prise	Salz
250 ml	Gemüsefond (idealerweise aus dem Wirsingfond)
250 ml	Sahne
	Majoran

Teig: Butter mit einem Rührgerät mit Salz, Pfeffer und Muskat schaumig rühren. Die Eier dazugeben und weiterrühren, bis eine homogene Masse entsteht. Quark und Mehl dazugeben und den Teig glatt rühren. Eine halbe Stunde im Kühlschrank rasten lassen, damit sich der Teig besser verarbeiten lässt.

Füllung: Spinat blanchieren und fein schneiden. Mit dem Käse vermengen. Die Zwiebel in feine Würfel schneiden, in der Butter mit einer Prise Salz goldbraun rösten und mit der Spinat-Käse-Mischung vermengen.

Mit feuchten Händen acht Bällchen formen, diese für ca. 30 Minuten einfrieren – das erleichtert später die Verarbeitung. Die Käse-Spinat-Bällchen mit dem Quarkteig etwa 1 cm dick umhüllen. In gesalzenes kochendes Wasser geben und für ungefähr 5 Minuten kochen. Danach für 10 Minuten ziehen lassen.

Rahmwirsing: Den Wirsing von den dunkelgrünen Blättern befreien und in Rauten schneiden. In reichlich Salzwasser blanchieren und in kaltem Wasser abschrecken, abseihen und beiseitestellen. Etwas Wirsingfond zurückbehalten. Die Butter schmelzen, Mehl und eine Prise Salz hinzufügen, bis eine helle Einbrenn entsteht. Mit dem Wirsingfond und der Sahne aufgießen und unter ständigem Rühren kochen, bis eine cremige Konsistenz entsteht. Mit Majoran abschmecken, den Wirsing dazugeben und kurz zusammen kochen lassen.

Chili sin Carne

- 1 kleine Stange Lauch, geputzt, fein geschnitten
- 1 grüne Paprika, entkernt, in kleine Würfel geschnitten
- 1 mittelgroße rote Zwiebel geschält, klein geschnitten
- 1 Knoblauchzehe, fein geschnitten
- 30 g Ingwer, geschält, fein geschnitten
- 3 EL Pflanzenöl
- 1 Prise Korianderpulver
- 1 Prise Kreuzkümmelpulver
- 1 Prise Cayennepfeffer oder Chilipulver
- 3 EL Tomatenmark
- 150 g Soja-Granulat (feine Sojaschnetzel)
- 800 g Tomatenstücke (aus der Dose)
- 300 ml Gemüsefond
- 1 TL Ahornsirup
- 1 Dose Kidneybohnen (Abtropfgewicht: ca. 265 g)
- 1 Dose schwarze Bohnen (Abtropfgewicht: ca. 250 g)
- 1 Dose Mais (Abtropfgewicht: ca. 285 g)
- Salz, Pfeffer
- 4 EL Frühlingszwiebeln, in Ringe geschnitten
- 2 EL frischer Koriander, fein geschnitten

Lauch, Paprika, Zwiebel, Knoblauch und Ingwer in Pflanzenöl leicht anbraten. Korianderpulver, Kreuzkümmelpulver, Cayennepfeffer und Tomatenmark dazugeben und unter Rühren weiter anbraten. Das Soja-Granulat kurz mitbraten und mit den Tomatenstücken ablöschen.

Mit Gemüsefond auffüllen, Ahornsirup, abgetropfte Kidneybohnen, schwarze Bohnen und Mais hinzufügen und das Chili mit Salz und Pfeffer abschmecken.

Zugedeckt für ca. 20 Minuten leicht köcheln lassen.

Auf tiefe Teller verteilen und mit den Frühlingszwiebelringen und Koriander anrichten.

Dazu passt Basmatireis oder Baguette.

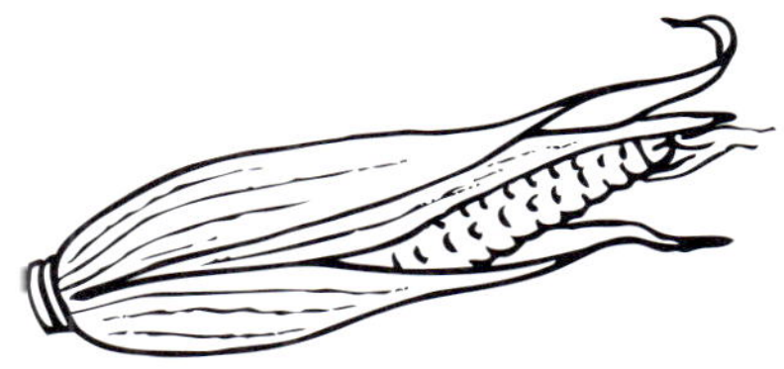

Rotes Thai-Curry mit Gemüse

1	kleine Stange Lauch, geputzt, fein geschnitten
1	rote Paprika, entkernt, in kleine Würfel geschnitten
1	mittelgroße rote Zwiebel geschält, klein geschnitten
1	Knoblauchzehe, fein geschnitten
30 g	Ingwer, geschält, fein geschnitten
2	Stängel Zitronengras, fein geschnitten
1 cm	Galgant, fein geschnitten
50 g	Wirsing, in Rauten geschnitten
4 EL	Pflanzenöl
1 TL	Korianderpulver
1 TL	Kreuzkümmelpulver
1 TL	edelsüßes Paprikapulver
1 TL	Kurkuma
1	reife Tomate, enthäutet, in Würfel geschnitten
250 ml	Gemüsefond
500 ml	Kokosmilch
	Salz, Pfeffer
1 EL	Chiliflocken
	frischer Koriander

Lauch, Paprika, Zwiebel, Knoblauch, Ingwer, Zitronengras, Wirsing und Galgant in einem Topf mit Öl anbraten, bis das Gemüse etwas Farbe angenommen hat. Die Temperatur zurückdrehen, die Gewürzpulver dazugeben und kurz weiter ansautieren. Mit der Tomate ablöschen und weiter ansautieren, bis eine Paste entstanden ist.

Mit Gemüsefond und Kokosmilch aufgießen und ca. 10 Minuten köcheln lassen.

Mit Salz, Pfeffer und Chiliflocken abschmecken. Mit einem Stabmixer fein pürieren, bis eine sämige Sauce entsteht.

200 g Karotten, geschält, in mundgerechte Stücke geschnitten
200 g Brokkoli, gewaschen, in Röschen geteilt
100 g Stangensellerie, in mundgerechte Stücke geschnitten
100 g Pak Choi, in lange Streifen geschnitten
2 Limetten, in Spalten geschnitten

100 g Sprossengemüse (zum Dekorieren)

In einem Liter Salzwasser das Gemüse bissfest blanchieren. Dazu zuerst die Karotten 5 Minuten kochen lassen. Dann den Brokkoli und den Stangensellerie weitere 2 Minuten leicht kochen. Zum Schluss den Pak Choi kurz in das heiße Wasser tauchen.

Danach sofort das warme Gemüse herausnehmen und in vier tiefen Tellern verteilen, mit der warmen Sauce und den Limettenspalten bedecken. Mit den Sprossen dekorieren und frischen Koriander darüberstreuen.

Weiße-Bohnen-Curry

1	kleine Stange Lauch, geputzt, fein geschnitten
1	rote Paprika, entkernt, in kleine Würfel geschnitten
1	mittelgroße rote Zwiebel, geschält, klein geschnitten
1	Knoblauchzehe, fein geschnitten
30 g	Ingwer, geschält, fein geschnitten
4 EL	Pflanzenöl
1 TL	Korianderpulver
1 TL	Kreuzkümmelpulver
1 TL	edelsüßes Paprikapulver
1 TL	Kurkuma
1	reife Tomate, gethäutet, in Würfel geschnitten
250 ml	Gemüsefond
500 ml	Kokosmilch
	Salz, Pfeffer
1 EL	Chiliflocken
	frischer Koriander
2 Dosen	weiße Bohnen, abgespült, abgetropft (je 400 g)

Lauch, Paprika, Zwiebel, Knoblauch und Ingwer in einem Topf mit Öl anbraten, bis das Gemüse etwas Farbe angenommen hat. Die Temperatur zurückdrehen, die Gewürze dazugeben und kurz weiter ansautieren. Mit der Tomate ablöschen und weiter ansautieren, bis eine Paste entstanden ist.

Mit Gemüsefond und der Kokosmilch aufgießen und ca. 10 Minuten köcheln lassen.

Mit Salz, Pfeffer, Chiliflocken und frischem Koriander abschmecken und mit einem Stabmixer fein pürieren, bis eine sämige Sauce entsteht.

Die weißen Bohnen dazugeben und weitere 10 Minuten bei schwacher Hitze kochen lassen.

Tipp: Dazu passen hervorragend Jasmin- oder Basmatireis sowie Fladenbrot (S. 156) als Beilage.

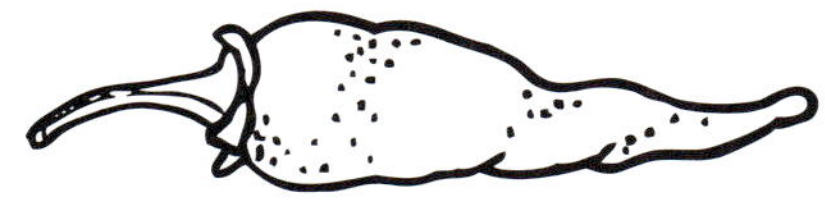

Kürbisknödel auf Hokkaido-Creme

1	Hokkaidokürbis (Gewicht: ca. 1 kg)
300 g	Knödelbrot
200 ml	Milch
1	Zwiebel, geschält, fein gewürfelt
½ Bund	Petersilie, fein gehackt
1 EL	Butter
2	Eier
4 EL	Semmelbrösel (nach Bedarf etwas mehr)
	Salz, Pfeffer
2 EL	Kürbiskerne
125 ml	Gemüsefond
50 ml	Sahne
50 g	geriebener Montello

Kürbis waschen, putzen und in ca. 1 cm große Stücke schneiden. Auf ein Blech legen und im vorgeheizten Ofen garen, bis der Kürbis weich ist und sich mit einer Gabel zerdrücken lässt.

Inzwischen das Knödelbrot in eine große Schüssel geben. Rund 600 Gramm des fertig gegarten Kürbisses mit der Milch fein pürieren, anschließend mit dem Brot verkneten.

Zwiebel schälen und fein würfeln. Petersilie waschen, trocken schütteln und fein hacken. Die Butter in einer Pfanne zerlassen und die Zwiebel darin für 2–3 Minuten braten. Die Eier miteinander verquirlen. Die gebratene Zwiebel und die Petersilie zu der Brot-Kürbis-Masse geben. Anschließend die verquirlten Eier sowie die Semmelbrösel unterheben und alles verkneten, dabei mit Salz und Pfeffer abschmecken. Falls der Teig zu feucht ist, noch etwas Semmelbrösel hinzufügen. Ist er zu trocken, etwas Milch zugeben. Die Masse etwa 30 Minuten kühl stellen. Knödel formen und in gesalzenem kochendem Wasser ca. 8 Minuten ziehen lassen.

Die Kürbiskerne in einer Pfanne kurz anrösten, anschließend beiseitestellen.

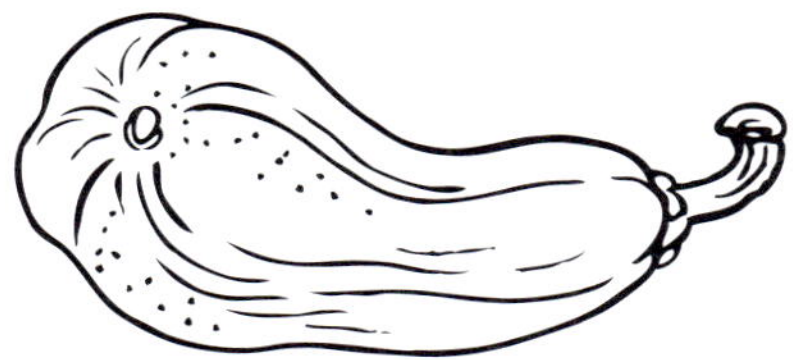

Den restlichen Kürbis mit Gemüsefond und Sahne in einem Mixer fein pürieren, mit etwas Salz und Pfeffer abschmecken. Das Kürbispüree auf einen Teller geben, die Knödel darauf platzieren und mit Montello und den gerösteten Kürbiskernen bestreut servieren.

Gemüse-Burritos mit Tomatensalsa

2 EL Olivenöl
1 große Zwiebel, fein gehackt
2 Knoblauchzehen, fein gehackt
1 rote Paprika, klein gewürfelt
1 grüne Paprika, klein gewürfelt
1 Jalapeño, entkernt und fein gehackt (optional, je nach gewünschter Schärfe)
1 Dose Kidneybohnen (ca. 400 g), abgetropft und gespült
1 Dose Mais, abgetropft
1 TL gemahlener Kreuzkümmel
1 TL edelsüßes Paprikapulver
1 TL Chilipulver
Salz und Pfeffer nach Geschmack
1 Pkg. Weizentortillas
½ Bund Koriander, fein gehackt

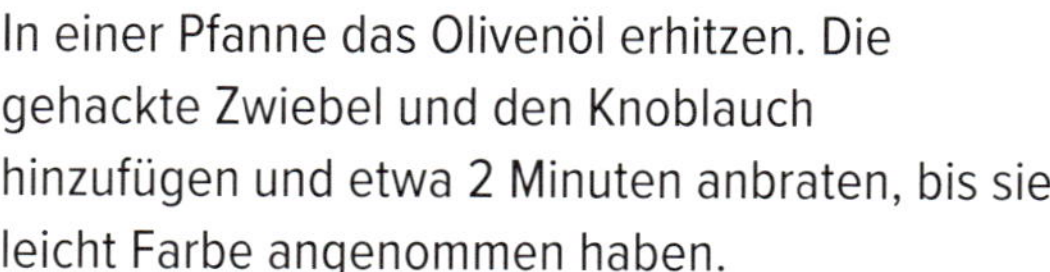

In einer Pfanne das Olivenöl erhitzen. Die gehackte Zwiebel und den Knoblauch hinzufügen und etwa 2 Minuten anbraten, bis sie leicht Farbe angenommen haben.

Die rote und grüne Paprika sowie die Jalapeño hinzufügen und etwa 5 Minuten sautieren, bis das Gemüse weich wird.

Die abgetropften Kidneybohnen und den Mais hinzufügen. Gut umrühren und erhitzen. Mit Kreuzkümmel, Paprikapulver, Chilipulver, Salz und Pfeffer würzen und gut vermischen. Zuletzt die gehackten Korianderblätter unterrühren und die Pfanne vom Herd nehmen.

Für die Burritos jeweils eine Weizentortilla in einer Pfanne erwärmen und entlang der Mitte mit der Gemüsemasse füllen. Die Seiten der Tortilla einschlagen und danach fest einrollen. Nach Belieben mit Koriander bestreuen und mit zusätzlicher Sourcreme (S. 128) oder Tomatensalsa (S. 28) servieren.

Tipp: Optional kann man der Füllung noch Extras wie frischen Salat, Avocadoscheiben oder geriebenen Montello beigeben. Der Fantasie sind hier keine Grenzen gesetzt!

Gefüllte Zucchini mit Ratatouille

Ratatouille

je 1 rote, grüne und gelbe Paprika, in große Würfel geschnitten
1 Aubergine, in große Würfel geschnitten
2 mittelgroße rote Zwiebeln, in große Würfel geschnitten
200 g Kirschtomaten, ganz
Olivenöl
1 Zweig Rosmarin, gehackt
1 Zweig Thymian, gehackt
4 Knoblauchzehen, fein gehackt
Salz, Pfeffer aus der Mühle

4 mittelgroße Zucchini
2 EL Olivenöl
1 kleine Zwiebel, fein gehackt
2 Knoblauchzehen, fein gehackt
200 g Champignons, gehackt
1 rote Paprika, fein gewürfelt
2 Fleischtomaten, enthäutet, in kleine Würfel geschnitten
1 TL getrockneter Oregano
Salz, Pfeffer
frisches Basilikum zum Garnieren
200 g Mozzarella, in Scheiben geschnitten

Den Ofen auf 130 Grad vorheizen.
Eine Backform vorbereiten. Das geschnittene Ratatouille-Gemüse in die Form geben, mit Olivenöl, den Kräutern und dem Knoblauch mischen, salzen und pfeffern.

Die Zucchini der Länge nach halbieren und das Innere mit einem Löffel aushöhlen, dabei einen Rand von ca. 1 cm stehen lassen. Das Zucchini-Fruchtfleisch fein hacken und beiseitestellen.

In einer Pfanne Olivenöl erhitzen und die Zwiebel und den Knoblauch darin glasig braten. Die gehackten Champignons und die Paprika hinzufügen und für weitere 5 Minuten braten, bis sie weich sind.

Das gehackte Zucchini-Fruchtfleisch dazugeben und nur kurz mitbraten. Tomaten und Oregano hinzufügen. Mit Salz und Pfeffer abschmecken und für etwa 10 Minuten köcheln lassen.

Die Zucchinihälften auf das Ratatouille-Gemüse legen und mit der Gemüsemischung füllen. Die Mozzarellascheiben auf die gefüllten Zucchinis legen.

Die Form in den vorgeheizten Ofen stellen und für ca. 20 Minuten backen, bis der Mozzarella goldbraun und die Zucchini und das Ratatouille weich sind. Gegebenenfalls das Ratatouille mit etwas Wasser oder Fond angießen.

Gebackener Blumenkohl

1	großer Blumenkohl
80 g	Dinkelmehl, hell (Type 1050)
150 ml	Wasser
1 TL	Backpulver
1 TL	edelsüßes Paprikapulver
	Salz, Pfeffer aus der Mühle
200 g	Semmelbrösel
	Olivenöl (zum Herausbacken)

Den Blumenkohl in 1 cm dicke Scheiben schneiden und in einem Topf mit kochendem gesalzenem Wasser für 3 Minuten blanchieren. Anschließend aus dem Topf nehmen, in kaltem Wasser abschrecken und auf einem Küchentuch trocknen lassen.

Mehl mit Wasser, Back- und Paprikapulver in einer Schüssel vermengen und zu einem glatten Teig rühren. Mit Salz und Pfeffer abschmecken.

Die Semmelbrösel auf einen Teller geben. Die Blumenkohlscheiben erst durch den Teig ziehen, dann in den Semmelbröseln wenden und auf einem Teller kurz zur Seite stellen.

In einer Pfanne Olivenöl ca. 2 cm hoch auffüllen, auf mittlerer Stufe erhitzen und die panierten Blumenkohlscheiben von beiden Seiten 4–5 Minuten goldbraun backen.

Es empfiehlt sich, die gebackenen Blumenkohlscheiben mit Sourcreme (S. 128) zu servieren. Dazu passt auch gut Chimichurri (S. 16).

Albondigas de Garbanzos

500 g	Kichererbsen, gekocht
4 EL	Pflanzenöl
1	rote Zwiebel
3	Knoblauchzehen
100 g	geriebene Karotten
2 EL	Petersilie, gehackt
1 TL	Kreuzkümmel
100 g	Semmelbrösel
	Salz, Pfeffer
1	Ei
	Olivenöl (zum Beträufeln der Bällchen)
750 ml	Erdnuss-Sauce (S. 22)
2 EL	Koriander, geschnitten

Die Kichererbsen in einer Küchenmaschine mixen.

In einer Pfanne das Öl auf mittlerer Stufe erhitzen, Zwiebel, Knoblauch und geriebene Karotten darin ansautieren, bis sie gar sind. Beiseitestellen.

In einer Schüssel die Kichererbsen mit dem sautierten Gemüse, Petersilie, Kreuzkümmel, Semmelbrösel, Salz, Pfeffer und dem Ei gut vermischen. Nachwürzen, wenn es notwendig ist.

Mit den Händen kleine Bällchen (ca. 30 g) formen. Auf ein Blech legen und mit etwas Olivenöl beträufeln, im auf 180 Grad vorgeheizten Ofen für ca. 20 Minuten backen.

In einem Topf die Erdnuss-Sauce für ca. 2–3 Minuten erwärmen.

Die Kichererbsen-Bällchen auf vier tiefen Tellern anrichten, mit der warmen Sauce bedecken und mit geschnittenem Koriander bestreuen.

Dazu passen Reis und Fladenbrot (S. 156).

Gebackene Kräuterseitlinge mit Sourcreme und Chimichurri

200 g	vegane Cornflakes
500 g	Kräuterseitlinge
200 g	Weizenmehl
3	Eier
50 ml	Sahne
1 Prise	Salz
300 ml	Pflanzenöl zum Herausbacken

Sourcreme

300 g	Magerquark
150 g	Crème fraîche
1	kleine Zwiebel, in feine Scheiben geschnitten
1	Knoblauchzehe, zerdrückt
2 EL	Aceto Balsamico Bianco
1 Prise	Zucker
	Salz, weißer Pfeffer
1 TL	Zitronensaft

Für die Sourcreme Quark und Crème fraîche in einer Schüssel gut verrühren. Die Zwiebel fein schneiden und mit der zerdrückten Knoblauchzehe hinzugeben. Den Balsamico Bianco mit Zucker, Salz und Pfeffer einrühren und mit etwas Zitronensaft abschmecken. Zum Durchziehen in den Kühlschrank stellen.

Die Cornflakes in einen Tiefkühlbeutel geben und mit einem Nudelholz nicht zu fein zerdrücken. Danach die Cornflakes auf einen Teller geben.

Die Kräuterseitlinge putzen und der Länge nach in ca. 5 mm dicke Scheiben schneiden. Weizenmehl, Eier und Sahne zu einem glatten Teig verrühren, mit Salz abschmecken. Die Kräuterseitlinge erst durch den Teig ziehen, dann in den Cornflakes wenden und auf einem Teller kurz zur Seite stellen.

In einem Topf das Pflanzenöl auf mittlerer Stufe erhitzen, die panierten Kräuterseitlinge goldbraun herausbacken. Herausnehmen und auf einem Küchenpapier abtropfen lassen.

Auf vier Tellern verteilen und mit der Soucreme und Chimichurri (S. 16) servieren.

Tipp: Dazu passt auch Tomaten-Hummus. Dazu Hummus (S. 21) mit 1 EL Tomatenmark vermengen.

Rote-Bohnen-Menestra

4 EL	Pflanzenöl
1	kleine Stange Lauch, geputzt, fein geschnitten
1	rote Paprika, entkernt, in kleine Würfel geschnitten
1	mittelgroße rote Zwiebel, geschält, klein geschnitten
1	Knoblauchzehe, fein geschnitten
30 g	Ingwer, geschält, fein geschnitten
1 TL	Korianderpulver
1 TL	Kreuzkümmelpulver
1 TL	edelsüßes Paprikapulver
1 TL	Kurkuma
1	reife Tomate, enthäutet, in Würfel geschnitten
500 ml	Gemüsefond
	Salz, Pfeffer
	Chiliflocken (nach Geschmack)
	frischer Koriander
2 Dosen	Kidneybohnen (je 400 g), abgespült und abgetropft
1 Schuss	Olivenöl

In einem Topf das Pflanzenöl erhitzen. Lauch, Paprika, Zwiebel, Knoblauch und Ingwer darin anbraten, bis das Gemüse etwas Farbe angenommen hat. Die Temperatur zurückdrehen, die Gewürze dazugeben und kurz weiter ansautieren. Mit der Tomatenwürfel ablöschen und weiter ansautieren, bis eine Paste entstanden ist.

Mit Gemüsefond aufgießen und ca. 10 Minuten köcheln lassen. Mit Salz, Pfeffer, Chiliflocken und frischem Koriander abschmecken, Die Kidneybohnen dazugeben und weitere 10 Minuten bei schwacher Hitze köcheln lassen. Vom Feuer nehmen und einen Schuss Olivenöl dazugeben, damit das Gericht eine ansprechende glänzende Farbe annimmt.

Als Beilage passt frisch gebackenes Fladenbrot (S. 156).

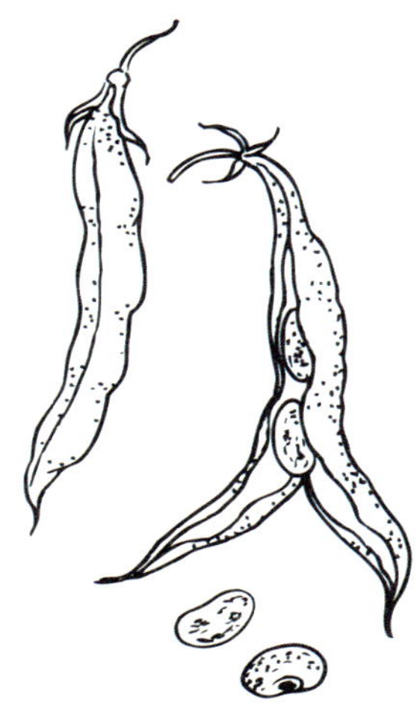

Gemüseeintopf

3 EL	Olivenöl
1	mittelgroße Zwiebel, gehackt
3	Knoblauchzehen, gehackt
2	Karotten, geschält und in Würfel geschnitten
2	mittelgroße Kartoffeln, geschält und in Würfel geschnitten
2	Stangensellerie, in Scheiben geschnitten
2 EL	Tomatenmarkkonzentrat
1 Dose	rote Bohnen (ca. 400 g), abgetropft und gespült
1 Dose	weiße Bohnen (ca. 400 g), abgetropft und gespült
1 Dose	Kichererbsen (ca. 400 g), abgetropft und gespült
1 l	Gemüsefond
1	rote Zwiebel, in feine Scheiben geschnitten
	Salz und Pfeffer nach Geschmack
	Petersilie, gehackt, zum Garnieren

In einem großen Topf das Olivenöl erhitzen. Die gehackte Zwiebel und den gehackten Knoblauch hinzufügen und bei mittlerer Hitze glasig braten.

Die Karotten, Kartoffeln und den Stangensellerie dazugeben und etwa 5 Minuten lang unter gelegentlichem Rühren anbraten, bis das Gemüse leicht gebräunt ist. Das Tomatenmarkkonzentrat hinzugeben und ebenfalls kurz mitbraten.

Die abgetropften und gespülten roten Bohnen, weißen Bohnen und Kichererbsen in den Topf geben und kurz mit dem Gemüse anbraten.

Mit dem Gemüsefond aufgießen. Mit Salz und Pfeffer nach Geschmack würzen.

Den Eintopf zum Kochen bringen, dann die Hitze reduzieren und den Eintopf etwa 20–25 Minuten köcheln lassen, bis das Gemüse weich ist.

Den Gemüseeintopf abschmecken und gegebenenfalls nachwürzen.

In tiefen Tellern anrichten, mit frisch gehackter Petersilie und den roten Zwiebelringen garnieren und mit Fladenbrot als Beilage (S. 156) servieren.

Süßkartoffel aus dem Ofen mit Sourcreme

4 mittelgroße Süßkartoffeln
Pflanzenöl (zum Bestreichen)
Salz, Pfeffer

Sourcreme (S. 128)

Der Ofen auf 200 Grad Ober- und Unterhitze vorheizen.

Die Süßkartoffeln waschen und trocknen, mit einer Gabel ein paar Löcher hineinstechen – das verkürzt die Garzeit. Mit Pflanzenöl bestreichen, mit Salz und Pfeffer abschmecken, auf ein Blech legen und für 40–50 Minuten im Ofen garen.

Die Kartoffeln aus dem Ofen nehmen, auf Tellern verteilen und in die Schalen ein Kreuz schneiden. Die Schalen auseinanderziehen, mit der Gabel das Süßkartoffelfleisch etwas lockern und mit Sourcreme servieren.

Tipp: Wer es schärfer mag, bestreut die Sourcreme noch mit Chiliflocken.

Msemen mit Feta und Balsamico-Feigen

Teig

250 g	Weizenmehl (Type 550)
50 g	Hartweizengrieß
200 ml	Wasser
6 g	Salz
7 TL	Pflanzenöl
	Öl zum Bearbeiten, für das Backblech und die Arbeitsfläche
80 g	gesalzene Butter
	Grieß zum Bestreuen

Balsamico-Feigen

12	Feigen (nicht zu weich)
2 EL	Butter
2 EL	Aceto Balsamico Bianco

200 g	Hirtenkäse, gewürfelt, zum Garnieren

In einer Schüssel Mehl und Grieß vermengen, das Wasser hinzugeben und für mindestens 2 Minuten verrühren, anschließend Salz und 1 TL Pflanzenöl beimengen und für ca. 6 Minuten kneten, bis sich der Teig von der Schüssel löst und er eine elastische Konsistenz hat.

Den Teig in ca. sechs gleich große Stücke teilen, jedes rund formen und im restlichen Pflanzenöl auf der Arbeitsfläche oder in einer flachen Schüssel wenden.

Ein Backblech mit Öl einfetten und die Teiglinge auf dem Blech verteilen. Mit Frischhaltefolie abdecken und den Teig mindestens 30 Minuten ruhen lassen.

Die Butter schmelzen, Öl dazumischen und in eine kleine Schüssel geben. Den Grieß ebenfalls in eine kleine Schüssel füllen.

Die Arbeitsfläche erneut einölen und jeden Teigling mit dem Nudelholz zu einem Kreis mit etwa 25 cm Durchmesser ausrollen, bis er sehr dünn wird und man fast durchsehen kann (ähnlich wie Strudelteig).

1 EL der Butter-Öl-Mischung mit den Fingern auf dem Teig verteilen und mit etwa 1 TL Grieß bestreuen.

Das obere Drittel des Kreises nach unten schlagen, ebenfalls mit Butter-Öl bestreichen und mit etwas Grieß bestreuen, dann den unteren Teil nach oben darüberklappen, wieder bestreichen und bestreuen. Dann von der linken Seite ein Drittel des Rechtecks nach innen klappen, erneut bestreichen und danach von der rechten Seite ein Drittel darüberklappen. Es entsteht ein Quadrat mit etwa 8 cm Seitenlänge.

Diese Arbeitsschritte bei allen Teiglingen wiederholen.

Die gefalteten Teiglinge mit der Oberseite nach unten auf das geölte Backblech legen und 15 Minuten ruhen lassen.

Währenddessen sechs Backpapierstücke von ca. 18 x 20 cm zuschneiden.

Nach der Ruhezeit die Teiglinge auf das vorbereitete Papier legen und vorsichtig mit den Händen auf die doppelte Größe auseinanderziehen. Falls sich der Teig nicht gut ziehen lässt, noch etwas länger ruhen lassen.

Eine große Pfanne bei mittlerer Temperatur ohne Öl erhitzen. Jeweils einen Teigfladen mit der Backpapier-Seite nach oben in die Pfanne legen. Sobald das Brot beginnt fest zu werden, lässt sich das Papier leicht abziehen. Nach ca. 3 Minuten wenden und die andere Seite ebenfalls 3 Minuten backen, bis sie erst durchscheinend und dann an einigen Stellen braun wird.

Aus der Pfanne nehmen und zum Auskühlen auf einen Rost legen.

Die Feigen längs vierteln. In einer Pfanne Butter schmelzen lassen, mit Aceto Balsamico ablöschen und kurz kochen lassen. Die Feigen beimengen und darin schwenken.

Die Msmen auf flachen Tellern anrichten, die Balsamico-Feigen darauf verteilen und mit dem gewürfelten Hirtenkäse garnieren.

Gefüllte Paprika

4	rote Paprika
4 EL	Olivenöl
1	grüne Paprika, entkernt, in feine Würfel geschnitten
1	Zwiebel, geschält, in feine Würfel geschnitten
1	Knoblauchzehe, geschält, fein geschnitten
400 ml	Gemüsefond
2 EL	frischer Zitronenthymian
2 EL	getrockneter Oregano
200 g	Couscous
	Salz, Pfeffer
150 g	geriebener Montello

Von der Paprika die oberen 1–2 cm des Deckels abschneiden, Kerne und die weißen Scheidewände mit einem kleinen Messer vorsichtig entfernen. Beiseitestellen.

In einem Topf das Olivenöl erhitzen, die grünen Paprikawürfel, die Zwiebelwürfel und die fein geschnittene Knoblauchzehe ansautieren. Mit dem Gemüsefond ablöschen.

Die Kräuter sowie den Couscous dazugeben, mit Salz und Pfeffer abschmecken, vom Herd nehmen und zugedeckt den Couscous 5–10 Minuten quellen lassen, bis er die Flüssigkeit ganz aufgenommen hat. In einer Schüssel den Couscous mit dem Käse vermengen.

Die Paprika mit der Couscous-Masse befüllen, in einer Auflaufform im auf 180 Grad vorgeheizten Backofen für ca. 20 Minuten backen.

Dazu passt sehr gut ein Mango-Tomaten-Salat mit Avocado (S. 70).

Kichererbsen-Curry

3 EL	Sesamöl
½ Bund	Frühlingszwiebeln, fein gehackt
2	Knoblauchzehen, fein gehackt
1	grüne Paprika, klein gewürfelt
2 cm	Ingwer, fein gerieben
1 TL	Kreuzkümmelpulver
1 TL	Kurkumapulver
½ TL	Chilipulver
1 TL	edelsüßes Paprikapulver
1 Dose	Kichererbsen, abgetropft und gespült
200 ml	Gemüsefond
200 ml	Kokosmilch
2	Lorbeerblätter
	Salz, Pfeffer
½	Limette, Saft
	frischer Koriander, fein gehackt

In einem Topf das Öl erhitzen und die Frühlingszwiebeln und den Knoblauch anbraten, bis sie etwas Farbe angenommen haben. Die Paprika hinzugeben und ebenfalls mitbraten. Den Ingwer und die Gewürze beimengen und kurz ansautieren lassen.

Die Kichererbsen dazugeben, gut vermischen und mit dem Gemüsefond aufgießen, ebenso die Kokosmilch und die Lorbeerblätter hinzugeben. Mit Salz und Pfeffer würzen und etwa 20 Minuten bei kleiner Hitze köcheln lassen. Zuletzt den Limettensaft dazugeben und nötigenfalls abschmecken und nachwürzen. Vor dem Servieren den frischen Koriander untermengen.

Dazu passt ausgezeichnet Basmatireis oder Fladenbrot (S. 156).

Tipps: Wer die Gewürze nicht zur Hand hat, kann auch eine fertige Currygewürzmischung verwenden.
Das Kichererbsenwasser oder „Aquafaba“ kann als veganer Ersatz für Eiweiß verwendet und auch so aufgeschlagen werden.

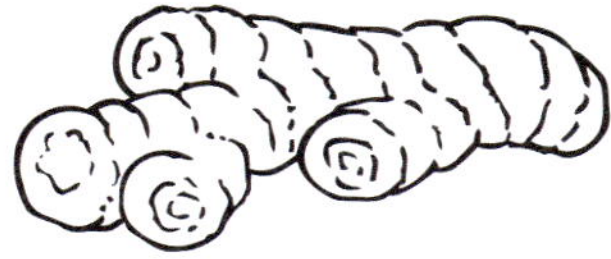

Rote-Bete-Gratin

ca. 1 kg	Rote Bete
	frischer Thymian
250 ml	Schlagsahne
200 g	Quark
½	Knoblauchzehe, fein gehackt
3	Eier, verquirlt
	Salz, Pfeffer
200 g	Montello, gerieben

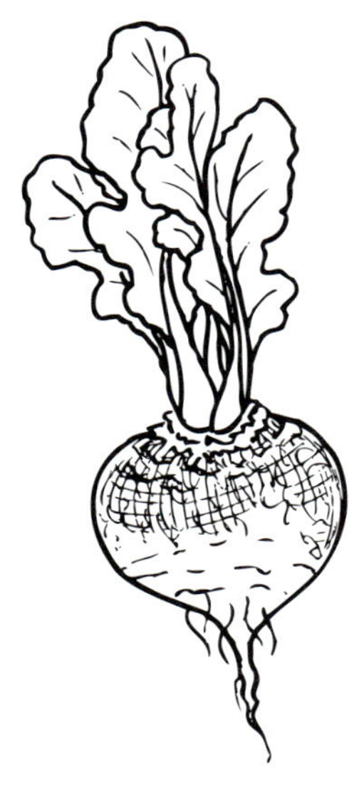

Den Ofen auf ca. 200 Grad vorheizen. Rote Bete schälen, waschen, in feine Scheiben (ca. 2 mm dick) schneiden.

In einer entsprechend großen Auflaufform schichten.

Thymian, Sahne, Quark, Knoblauch und die verquirlten Eier miteinander vermischen und mit Salz und Pfeffer abschmecken.

Die Mischung über die Rote Bete gleichmäßig verteilen, mit dem geriebenen Montello bestreuen, danach mit Alufolie abdecken.

Das Gratin im heißen Ofen auf mittlerer Schiene ca. 50 Minuten garen.

Anschließend die Folie entfernen und weitere 6 Minuten backen, bis das Gratin eine goldbraune Farbe angenommen hat.

Tipp: Dazu passt sehr gut eine **Paprikasauce.** Dazu 4 rote Paprika waschen, halbieren und entkernen. Mit einer Mischung aus etwas Knoblauch, 2 EL Olivenöl, Salz und Pfeffer bedecken. Im vorgeheizten Ofen ca. 10 Minuten backen. Danach in einen Mixer geben und mit ca. 50 ml Gemüsefond glatt mixen. Durch ein Sieb passieren und die Sauce nach Bedarf mit Salz und Pfeffer abschmecken. Mit einem Schuss Sahne wird sie noch cremiger.

Orientalischer Reis mit Erdnuss-Sauce

400 g	Basmatireis
	Salz
3 EL	Pflanzenöl
1	Knoblauchzehe, fein gehackt
1	rote Zwiebel, geschält, in feine Würfel geschnitten
3	mittelgroße Karotten, in kleine Würfel geschnitten
1	mittelgroße Zucchini, in kleine Würfel geschnitten
100 g	Trockenobst mit Nüssen (Studentenfutter)
100 g	grüne TK-Erbsen (vorgekocht)
1 TL	Korianderpulver
1 TL	Kreuzkümmelpulver
1 TL	edelsüßes Paprikapulver
1 Prise	Kurkuma
1 Prise	Ras el Hanout (nordafrikanische Gewürzmischung; wesentliche Bestandteile sind schwarzer Pfeffer, Nelken, Kardamom, Muskat, Zimt, Kurkuma und Kreuzkümmel)
	Pfeffer
100 g	Koriander, fein geschnitten
400 ml	Erdnuss-Sauce (S. 22)
	Granatapfelkerne, Walnüsse und Cashews zum Dekorieren

Für den Reis bieten sich zwei Garmodelle an: Im Zuge der Wassermethode wird ca. fünfmal so viel gesalzenes Wasser wie Reis bei mittlerer Hitze für ca. 15 Minuten gekocht. Bei der Quellmethode wird der Reis hingegen nur in so viel Wasser gegart, wie er beim Kochen aufnehmen kann – entsprechend sollte die Wassermenge nur ca. das Eineinhalbfache betragen. Den Reis zweimal mit klarem Wasser waschen, einen Topf mit Salzwasser zum Kochen bringen und salzen, bis das Wasser einen angenehmen Geschmack hat. Dann den gewaschenen Reis hineingeben, bei mittlerer Hitze ohne Deckel zum Kochen bringen, die Hitze auf die Hälfte reduzieren, abdecken und ca. 15 Minuten quellen lassen, bis der Reis die ganze Flüssigkeit aufgenommen hat. Vom Herd nehmen und einfach 2–3 Minuten zugedeckt stehen lassen. Man kann den Reis mit der Beigabe von etwas Pflanzenöl auflockern.

Pflanzenöl in einer Pfanne erhitzen, den Knoblauch zuerst goldbraun anbraten. 1 TL Salz, die Zwiebel und Karotten dazugeben und ca. 4 Minuten anbraten. Die Zucchini, Erbsen sowie Trockenobst mit Nüssen beimengen, weitere 2 Minuten bei nicht zu starker Hitze ansautieren. Die Gewürze hinzugeben und eine weitere Minute sautieren. Den Reis hineingeben und alles gut miteinander vermengen. Mit Salz und Pfeffer den Geschmack abrunden. Den Koriander im warmen Reis verteilen. Kurz zudecken.
Mit Granatapfelkernen, Walnüssen und Cashews dekorieren und mit warmer Erdnuss-Sauce servieren.

Fenchel vom Grill mit Süßkartoffelpüree

4 Fenchelknollen
Olivenöl
Salz
Pfeffer aus der Mühle

Süßkartoffelpüree
1 kg Süßkartoffeln
4 EL Butter
50 ml Sahne
Salz
Muskatnuss, frisch gerieben

Für das Püree die Süßkartoffeln im auf 200 Grad vorgeheizten Ofen mit Schale ca. 50 Minuten garen, bis sie weich sind.

Dann schälen und mit einem Handmixer mit Butter und Sahne zu einer homogenen Masse verarbeiten. Mit etwas Salz und frisch geriebener Muskatnuss nachwürzen.

Den Fenchel putzen und in etwa ½ cm dicke Scheiben schneiden. Auf dem Grill oder in einer Grillpfanne auf jeder Seite 5–6 Minuten grillen. Dabei laufend mit Olivenöl bepinseln. Kurz vor dem Servieren mit Salz und Pfeffer aus der Mühle würzen.

Das Süßkartoffelpüree auf den Teller geben und den gegrillten Fenchel darauf anrichten. Das Fenchelgrün passt ausgezeichnet als Garnitur zu diesem Gericht.

Tipp: Süßkartoffeln sind ein sehr dankbares Gemüse, das von Natur aus einen intensiven, hervorragenden Geschmack besitzt.

Arancine (sizilianische Reisbällchen)

50 g	Butter
1	Schalotte, geschält, in feine Würfel geschnitten
1	kleine Knoblauchzehe, geschält, fein geschnitten
250 g	Montello, gerieben
500 g	vorgekochtes Risotto (S. 99)
150 g	Mehl
100 ml	Wasser
4	Eier
250 g	Semmelbrösel
½ l	Pflanzenöl zum Frittieren

In eine kleine Pfanne Butter schmelzen lassen. Schalotte und Knoblauch dazugeben. Ansautieren. Etwas abkühlen lassen und mit dem Montello und dem abgekühlten Risotto vermengen.

Mit feuchten Händen kleine Bällchen formen und diese kurz ins Gefrierfach stellen – das erleichtert das Panieren.

In einer Schüssel Mehl, Wasser und die Eier verrühren und eine Pastella (Backteig) herstellen.

Die Reisbällchen durch die Pastella ziehen und mit den Semmelbröseln panieren. Öl in einem kleinen Topf erhitzen und die Reisbällchen darin portionsweise 3–4 Minuten goldbraun herausbacken. Aus dem Topf nehmen und kurz auf Küchenpapier abtropfen lassen. Die Reisbällchen lassen sich optional sehr gut auf dem Ratatouille-Gemüse (S. 123) anrichten.

Tipps: Man kann die Arancine mit einer Sauce bzw. einem Dip oder auch als knusprige Beilage zu einem Salat servieren.
Arancine lassen sich auch mit verschiedenen Füllungen (Spinat, Nüsse etc.) zubereiten.

Vegane Bolognese

3 EL	Olivenöl
1	mittelgroße Zwiebel klein geschnitten
1	Knoblauchzehe, fein geschnitten
1	kleine Stange Lauch, geputzt, fein geschnitten
2	Karotten, geschält, in kleine Würfel geschnitten
3 EL	Tomatenmark
200 g	Soja-Granulat (feine Sojaschnetzel)
800 g	Tomatenstücke (aus der Dose)
200 ml	Gemüsefond
	Salz, Pfeffer
1 Prise	Zucker
	Oregano, fein gehackt
	Pasta nach Wunsch (Spaghetti, Penne etc.)
	Montello zum Bestreuen

Das Olivenöl erhitzen und die Zwiebel mit dem Knoblauch darin anbraten. Das restliche Gemüse hinzugeben und mitbraten. Das Tomatenmark beimengen und ebenfalls mitbraten.

Das Soja-Granulat dazugeben, gut vermengen und mit den Tomatenstücken ablöschen. Mit Gemüsefond auffüllen. Danach mit Salz, Pfeffer und etwas Zucker würzen, um die Säure der Tomaten auszugleichen. Zuletzt den gehackten Oregano hinzugeben und etwa 30 Minuten bei kleiner Hitze gar ziehen lassen.

Die Pasta nach Packungsanleitung al dente kochen. Mit der Bolognese toppen und mit Montello bestreut servieren.

Linsen-Dal

250 g	Linsen
3 EL	Pflanzenöl
1	mittelgroße Zwiebel, fein gehackt
2	Knoblauchzehen, fein gehackt
2 cm	Ingwer, fein gerieben
1 TL	Kreuzkümmelpulver
1 TL	Kurkumapulver
½ TL	Chilipulver
1 TL	edelsüßes Paprikapulver
300 ml	Kokosmilch
3	Lorbeerblätter
	Salz, Pfeffer
½	Limette, Saft
	frischer Koriander, fein gehackt

In einem Topf etwa einen Liter Wasser zum Kochen bringen, die Linsen hineingeben und zugedeckt bei mittlerer Hitze etwa 20 Minuten kochen lassen. Achtung, die Linsen nicht salzen, sonst werden sie nicht weich! Die Linsen ab und zu umrühren. Sobald die Linsen gar sind, abgießen und beiseitestellen.

In einem anderen Topf das Pflanzenöl erhitzen, die Zwiebel und den Knoblauch darin anbraten. Die Gewürze hinzugeben und etwa eine Minute anbraten. Mit Kokosmilch ablöschen, die Linsen und die Lorbeerblätter hinzugeben und das Ganze nochmals etwa 15 Minuten köcheln lassen. Erst jetzt mit reichlich Salz und Pfeffer abschmecken und zuletzt den Koriander ins Dal geben.

Mit Basmatireis und Fladenbrot (S. 156) servieren.

Fladenbrot

300 g	Buchweizenmehl
400 ml	Mineralwasser (mit Sprudel)
1 TL	Rohrzucker
	Salz
30 g	Backpulver
50 ml	Olivenöl
	Schwarzkümmel, gemahlen

Mehl, Wasser, Zucker, etwas Salz, Backpulver und Olivenöl in eine große Schüssel geben und verkneten.

Den Teig ca. 40 Minuten an einem warmen Ort gehen lassen. Nochmals durchkneten und weitere ca. 20 Minuten gehen lassen.

Danach den weichen Teig auf ein Blech mit Backpapier verteilen und auf ca. 1,5 cm glatt streichen. Schwarzkümmel großzügig auf dem Teig verteilen.

Den Ofen auf 220 Grad Heißluft vorheizen, den Teig für ca. 15–20 Minuten goldbraun backen.

Desserts
Smoothies
& Shakes

Aloe-Vera-Shake mit Ananas, Spinat und Orangen

200 g Aloe-Vera-Fruchtfleisch (aus einem frischen Aloe-Vera-Blatt)
400 g Ananas-Fruchtfleisch
250 ml Orangensaft
eine Handvoll frische Spinatblätter
Petersilienblätter

Das Fruchtfleisch aus dem Aloe-Vera-Blatt herausschneiden.

Das Blatt flach auf ein Brett ablegen und vom unteren, breiten Ende ca. 2–3 cm mit dem Messer abschneiden, dieses Stück beiseitelegen. (Man kann das Gelfilet mit einem Löffel herausschälen und für eine spätere Verwendung im Kühlschrank aufbewahren.)

Die Ananas schälen, in grobe Würfel schneiden und zusammen mit der Aloe Vera, dem Orangensaft und den Spinat- und Petersilienblättern im Standmixer mixen.

Nach Geschmack den Shake mit Stevia süßen.

Tipp: Das Gelfilet der Aloe Vera lässt sich problemlos portionsweise einfrieren. So ist es jederzeit vorrätig.

Aloe Vera findet man in den Abteilungen für exotische Früchte in größeren Einkaufsmärkten sowie in Asia-Shops.

Haferflocken-Shake mit Bananen und Äpfeln

500 ml	fettarme Milch
4 EL	Schmelzflocken
2	reife Bananen
1	kleiner Apfel
8	Mandeln

Alle Zutaten im Standmixer zu einem Shake vermixen.

Soja-Bananen-Shake mit Zitronenmelisse

600 ml	Sojadrink
4	reife Bananen
	eine Handvoll frische Zitronenmelissenblätter

Alle Zutaten im Standmixer gut verrühren, bis sich die Zitronenmelisse zerkleinert hat.

Mit Eiswürfeln genießen – eine wohltuende Erfrischung im Sommer!

Mango-Lassi

250 g	Mango, in Würfel in geschnitten
500 g	Schafmilchjoghurt
	Stevia (nach Geschmack)

Alle Zutaten 1–2 Minuten mixen, abschmecken und servieren.

Avocado-Bananen-Shake

1	reife Avocado
600 ml	fettarme Milch
2	Bananen

Avocado entsteinen, schälen und zusammen mit der Milch und den Bananen im Standmixer gut vermixen. Mit Eiswürfeln servieren.

Joghurt-Tamarillo-Smoothie

5	reife Tamarillos, gehäutet, in Stücke geschnitten
250 g	Schafjoghurt
250 ml	Hafermilch
	Stevia (nach Geschmack)

Tamarillos häuten und in grobe Stücke schneiden. Zusammen mit den anderen Zutaten im Standmixer pürieren und nach Bedarf mit Stevia abschmecken.

Smoothie mit Spinat, Gurke und Mango

2	Äpfel, gewaschen, geviertelt, entkernt, in Stücke geschnitten
1	Banane, geschält, in Scheiben geschnitten
2	Mangos, geschält, in Stücke geschnitten
1	Salatgurke
100 g	junger Spinat
2 EL	Mandelmus
2 EL	Zitronensaft
300 ml	stilles Mineralwasser

Äpfel waschen, vierteln, entkernen und in grobe Stücke schneiden. Die Mangos schälen und ebenfalls in grobe Stücke schneiden. Danach die Banane schälen und in Scheiben schneiden. Dann die Gurke waschen, zwei Scheiben abschneiden und zum Garnieren beiseitelegen, den Rest grob würfeln. Den Spinat verlesen, waschen und trocken schütteln. Alles zusammen in den Mixer füllen.

Mandelmus, Zitronensaft und Mineralwasser hinzufügen. Alles erst auf kleiner, danach auf höchster Stufe fein pürieren. Bei Bedarf noch etwas Wasser dazugeben, bis die gewünschte Konsistenz erreicht ist.

Den Smoothie in Gläser füllen. Die beiseitegelegten Gurkenscheiben jeweils bis zur Mitte einschneiden und an den Glasrand stecken. Das Getränk mit einem dicken Trinkhalm sofort servieren.

Exotischer Fruchtbecher mit Agavendicksaft

je 200 g	einer Papaya, Honigmelone, Wassermelone, Mango und Ananas, geschält und in große Würfel geschnitten
8	Walnüsse, grob gehackt
16	Cashewnüsse, grob gehackt
16	Mandeln, grob gehackt
2 EL	Haferflocken
4 EL	Agavendicksaft

Obst schälen und in gleich große Würfel schneiden. In Dessertschälchen oder Gläsern anrichten.

Die Nüsse mit den Haferflocken vermischen und auf das Obst streuen.
Einen Löffel Agavendicksaft über jede Portion gießen und servieren.

Queso de leche en caramelo

(Spezialität aus Milchkäse und Karamell)

120 g	Zucker
1 EL	Wasser
1 EL	Zitronensaft
1	Ei (M)
2	Eigelb
150 g	Schlagsahne
125 ml	Milch

In einer Pfanne 80 g Zucker mit dem Wasser und dem Zitronensaft erhitzen und so lange kochen lassen, bis der Zucker goldbraun karamellisiert. Dann auf vier ofenfeste Förmchen verteilen und auskühlen lassen.

Ei, Eigelb, Sahne, Milch und den restlichen Zucker verrühren.

Eine Auflaufform vorbereiten. Die Eiermasse in die Förmchen mit dem Karamell gießen, diese in die Auflaufform stellen und so viel Wasser hineingeben, dass die Förmchen zu ca. zwei Dritteln im Wasser stehen. Die Form im vorgeheizten Backofen bei 150 Grad Umluft ca. 50 Minuten stocken lassen.

Die Crème Caramel erst abkühlen lassen, dann zugedeckt mindestens 2 Stunden kalt stellen.

Zum Servieren die Queso de leche auf einen Teller stürzen.

Bananenkuchen

3	mittelgroße reife Bananen
	Margarine und Semmelbrösel für die Form
3	Eier
120 g	Zucker
1 Pkg.	Vanillezucker
250 g	Weizenmehl
1 Pkg.	Backpulver
100 ml	Pflanzenöl
	Puderzucker zum Bestreuen

Bananen schälen und mit einer Gabel fein zerdrücken, bis ein Mus entsteht.

Eine Kastenform einfetten, Semmelbrösel darauf verstreuen.

Eier, Zucker und Vanillezucker schaumig rühren. Mehl sieben, mit Backpulver vermischen und abwechselnd mit dem Öl unter die Masse rühren.

Bananenmus unterrühren und in die vorbereitete Kastenform füllen.

In vorgeheiztem Ofen bei 175 Grad ca. 30–40 Minuten hellbraun backen.

Mit einem Holzstäbchen die Garprobe machen. Auskühlen lassen und mit Puderzucker bestreuen.

Veganes Mango-Mousse mit Brombeeren

300 g	Mango, in Würfel geschnitten
	Zucker nach Geschmack
200 g	Seidentofu
200 g	Sojasahne
1 TL	Agar-Agar, pur (auch als „Agar“ bzw. „Chinesische/ Japanische Gelatine“ bekannt)
80 ml	Wasser

8 frische Brombeeren und frische Minzblätter zum Dekorieren

Das Mango-Fruchtfleisch in einen Mixer geben oder mit einem Pürierstab pürieren. Seidentofu und Zucker hinzufügen und alles cremig mixen.

In einer anderen Rührschüssel die Sojasahne mit einem elektrischen Handmixer aufschlagen.

In einem anderen Topf das Agar-Agar mit dem Wasser verrühren, bis es sich aufgelöst hat. Unter ständigem Rühren für ca. 3 Minuten kochen lassen. Danach beiseitestellen und etwas abkühlen lassen.

Das Agar-Agar in die Mangocreme einrühren und die aufgeschlagene Sojasahne vorsichtig unterheben, bis sich eine homogene Masse gebildet hat. Dabei gilt es darauf zu achten, nicht zu viel zu rühren, damit die Sahne nicht zu flüssig wird.

In sechs vorgekühlte Gläser füllen und im Kühlschrank für ca. 2 Stunden fest werden lassen.

Mit frischen Brombeeren und Minzblättern dekorieren.

Msemen mit Dattelsirup-Pflaumen

Teig
250 g Weizenmehl (Type 550)
50 g Hartweizengrieß
200 ml Wasser
6 g Salz
7 TL Pflanzenöl
Öl zum Bearbeiten, für das Backblech und die Arbeitsfläche
80 g gesalzene Butter
Grieß zum Bestreuen

Dattelsirup-Pflaumen
4 Pflaumen (nicht zu weich)
2 EL Butter
6 EL Dattelsirup
3 EL Zitronensaft
4 EL Puderzucker
1 TL Zimt

Die Teigfladen zubereiten (S. 136).

Die Pflaumen längs achteln und den Stein entfernen. In einer Pfanne Butter und Dattelsirup schmelzen lassen, mit Zitronensaft ablöschen und kurz weiterkochen. Danach die Pflaumen dazugeben und 3 Minuten leicht karamellisieren lassen.

Die Msmen auf flachen Tellern anrichten, die Dattelsirup-Pflaumen darauf verteilen und mit Puderzucker und Zimt bestreut servieren.

Rezeptindex